Conversations With Millionaires

世界No.1メンター ジム・ローン
こころのチキンスープ マーク・ビクター・ハンセン
チョコチップクッキーの王様 ウォリー・"フェイマス"・エイモス
こころのチキンスープ ジャック・キャンフィールド

# 史上最高のセミナー

実践! 億万長者入門 ロバート・アレン
金持ち父さん貧乏父さん シャロン・レクター
E神話 マイケル・ガーバー
1-800-フラワーズ・ドット・コムCEO ジム・マッキャン
ゲリラ・マーケティング ジェイ・コンラッド・レビンソン

マイク・リットマン ジェイソン・オーマン［共著］ 河本隆行［監訳］

If you'd like to learn more about the authors of Conversations
with Millionaires, you can visit them at
www.MikeLitman.com and www.JasonOman.com

この本を、人生から最大限のものを得たいと望む、すべての人々に捧げる。
この本が、あなたの〝第一歩〟のきっかけになることを心から希望している。

# 監訳者まえがき

河本　隆行

この本との出会いは衝撃だ！

本書は、ナポレオン・ヒル成功哲学の現代版、といった感じです。内容は至ってシンプル。ラジオ番組のホストであるマイク・リットマンが現代のスーパー成功者に次々とインタビューする、というものです。

かつて、ナポレオン・ヒル博士がヘンリー・フォードやトーマス・エジソンにインタビューしたように、マイク・リットマンがジム・ローンやロバート・アレンに成功の秘訣をインタビューしているわけです。

『ワン・ミニッツ・ミリオネア』のロバート・アレンや『こころのチキンスープ』シリーズのマーク・ビクター・ハンセン&ジャック・キャンフィールドに比べると、ジム・マッキャンやウォリー・エイモスなどは、日本ではまだまだ知られていないようですが、本国アメリカでは伝説的な成功者で、バイタリティあふれるビジネス革命者です。ですから、彼等が紹介している思想は正真正銘の成功哲学で、もしあなたが「ただ本書に書かれてあることを読むだけでなく実践する」ならば、成功するのはほぼ間違いない、というドキドキワクワク興奮する内容なのです。

私は実際、ジム・ローンとロバート・アレンのセミナーに参加したことがありますが、この二人との出会いだけでも私の人生は大きく改善されました。

ジム・ローンはアメリカを代表する自己啓発界の超スーパースターで、ジグ・ジグラーと並び「アメリカでもっとも影響力のある講演家」の一人です。ジム・ローンの教え子でとくに有名なのはアンソニー・ロビンズですが、アンソニー・ロビンズを勉強すればするほど、彼がジム・ローンから多大な影響を受けていることがわかります。

ジムの成功哲学は一言でいうと「〝考え方〟と〝心構え〟を改善する」ことに尽きます。私は彼の成功哲学を原語でマスターしましたが、日本でも『野心を抱け』（きこ書房）などが出版されていますので、もっと詳しい内容を知りたい方はリサーチしてみてください。

一方、ロバート・アレンは「お金を稼ぐエキスパート」といいますか「お金の稼ぎ方を教えるエキスパート」です。彼は自身の不動産投資能力で一躍有名になりましたが、最近ではもっぱら「複数の収入源を持つ」ことを啓蒙する成功哲学伝道師のような存在です。事実、彼は、不動産、セミナービジネス、インターネットビジネス、ネットワークビジネスなどを駆使し、複数の収入を得ていますが、彼の斬新な「お金を稼ぐアイデア」にはいつも驚かされるばかりです。

ロバート・アレンのセミナーで、一度すごいことがありました。彼のセミナー自体がインフォマーシャルのようなものになっていて、参加者がさらに高額なセミナーを受講したくなるような仕掛けで展開していったのです。結果、多くの参加者が催眠術にかかったように高額なセミナーに申し込みをしました。まるで、マジックや魔法を見ているかのような感覚だったのを今でも覚えています。

そのような世界を代表する超一流の成功者たちの考えが、本書にはぎっしりと詰まっているのです。

なんて贅沢な本なのでしょう！

通常、本書に登場する講師のセミナーを受講するとなると、莫大な費用がかかります。そんなセミナーを、たった一冊の本で受けられるのです。

『金持ち父さん貧乏父さん』のロバート・キヨサキのパートナーであるシャロン・レクターがお金持ちの考え方を教え、マイケル・ガーバーがビジネスのコンセプトを解明し、『ゲリラ・マーケティング』のジェイ・コンラッド・レビンソンがマーケティングの鍵を説明し、マーク・ビクター・ハンセンやジャック・キャンフィールドが豊かになるためのシークレットを伝授する。

ここに書かれている内容をきちんとマスターし、現実に実践されるならば、あなたは間違いなく成功し、豊かな人生を送ることができるでしょう。

ある意味、ナポレオン・ヒル博士の『思考は現実化する』（きこ書房）のように、本書はウルトラ・リアルな実践書なのです。

ただ本書を一度読み終えるだけでなく、何度も何度も読み返し、確実に実世界で実践されることを強くお勧め致します。きっとあなたの人生は劇的に改善されていくことでしょう。あなたの人生が傑作になることを心より祈っています。

愛と行動、そして、人生を楽しもう！

# まえがき

ロバート・アレン（作家、起業家）

これまで、わたしはたびたびこうたずねられた。

「より多くのお金を儲けて、豊かになるにはどうしたらいいのですか？」

これは二十数年にわたるわたしのキャリアの中で、もっとも多くたずねられた質問と言えるだろう。


わたしの著書には、その目標を達成するための秘訣が数多く詳細に綴られている。だがこの質問を投げかけてくる人に、わたしはいつも同じ問いを返すことにしている。


それは「あなたは成功への道をどのように歩み始めますか？」というものだ。

その答えは、富への道をすでに開いた人々から学ぶ、ということである。壮大なアイデアを生み出し、ビジョンを描き、プランを組み立て、偉大なサクセスストーリーの行く手に立ちはだかる、いかなる逆境とも闘ってきた人々。その過程で成功の秘訣を生み落としてきた人々から学ぶのだ。

インターネットが普及した現在、情報はいたるところに転がっている。情報は簡単に手に入る。だが、すぐれた情報を手に入れるとなると、そうはいかない。しかし、それは挑戦する価値のあることなのだ。

本書を読めば、人生が一変するような情報を、今日アメリカでもっとも成功している起業家たちから授かることができるだろう。

この一冊には、知るべきすべてのことが書かれている。

これこそ、わたし自身が二〇年前に億万長者を目指す旅路についたときに読みたかった本だ。

当時は読むことが叶わなかったが、今日よりよい人生を求めて奮闘するすべての人々にとって、この本はまたとない宝物になるだろう。

求めるものがより大きな繁栄であろうと、富であろうと、あるいは幸福であろうと、この本はきっとあなたの力になってくれるに違いない。

本書を読んだとき、僭越《せんえつ》ながらわたし自身のものも含めて、ゲストたちが明かしたとてつもない情報に驚きを禁じえなかった。

ページをめくるたびに、彼らの情熱がそこからあふれ出てくるのが感じられると思う。こうした情報を、書籍という形で共有することができるとは、なんという幸運だろうか。

本書は単なる本ではない。より豊かで裕福な人生を実現しようと望む、すべての人々にとってのガイドなのである。

成功した者は、その過程で成功の秘訣をあとに残していく。

本書は、すぐにでも古典的名著と肩を並べるであろう実にすぐれたものである。ページをめくるたびに、あなたは成功の裏に隠された真実を発見することになるであろう。

ロバート・アレン

作家、起業家。『ロバート・アレンの実践！　億万長者入門』『ロバート・アレンの聴く！　億万長者入門』『ワン・ミニッツ・ミリオネアーお金持ちになれる1分間の魔法』など、著書多数。

本書一八三ページより、インタビュー掲載。

# 序　文

「事実は小説よりも奇なり」
これこそ、このストーリーにぴったりの言葉だろう。これから述べるのは、いかにして本書が生まれたかを綴ったストーリーである。

アメリカ大陸の両端に住む二人の人間の身に、このできごとは起こった。一人はニューヨーク。もう一人はカリフォルニア。どちらも何も持ってはいなかった。そう、夢以外は……。

二人はそれまでありふれた人生を歩んでいた。学校へ行き、学位を取り、そのあとは他の多くの人々と同じように、仕事を転々とした。

「よい成績をとって、大学に行って、就職しろ」

そう言われて育った。それがもっともいい生き方だ、と。聞き慣れた言葉ではないか？これこそ、わたしたちの多くが教えられる人生のパターンである。

そして、何ヵ月も何年も、おもしろくもない仕事を続けた果てに、二人はささやかな成功を手にした。だが、失敗のほうがそれをはるかに上回っていた。それ以上に深刻だったのは、満足感とはまったく無縁だったことだ。彼らは、かつてヘンリー・デイヴィッド・ソローが言ったように、〝静かな絶望〟の人生を送っていたのである。

こんな話は、これまでたくさん耳にしたことがあるだろう――ある一つのことを除いては。ある一つのこととは、このストーリーが、のちに無数の人々の人生を変えることになるということだ。

二人は、自分たちがいったい何を切望しているかにようやく気づき始めた。それは幸福であり、富であり、成功だった。

幸運にも、ニューヨーク州ロングアイランド郊外にある小さなローカルラジオ局で、二人のうちの一人が週に一度、成功した人々にインタビューするラジオ番組を持っていた。ゲストはとてつもないことを達成した、あらゆる年齢、人種、信条を持つ人々である。この仕事のおかげで〝マイク〟は、人生やビジネスをよりよいものにするための質問を好きなだけ億万長者たちにできるという、すばらしい機会に恵まれたのだ。

同じ頃、カリフォルニアでもあることが起こっていた。マイクの友人、〝ジェイソン〟によって長距離電話がかけられていたのだ。

なぜか？

それは、毎週そのラジオ番組を聴くためだった。放送日になると、ジェイソンは大陸の反対側のラジオ局に電話をかけ、受話器をそのままはずしておいてもらってラジオ番組をすべて聴けるようにしたのだ。

こうしてジェイソンは億万長者たちのインタビューを聴き、ゲストが明かす成功するための戦略をすべて自分のものにしていったのである。

混乱と恐怖、いや、それ以上のものにあふれたこの世の中で、週に一度、二人は自分たちの目標に焦点を合わせることができた。週に一度、アメリカのもっとも成功した起業家たちの戦略、秘訣、そしてテクニックが二人の耳にじかに明かされたのである。

やがて、二人は過去の番組を繰り返し聴いては、翌週のエキサイティングなゲストを心待ちにするようになった。彼らはこれらのインタビューで明かされた情報を自分自身の人生の、そして成功のための手引きとして活用したのである。

こうした億万長者たちとの会話は、二人に自分の目標を設定し、夢の実現を目指すのに必要な戦略を教えてくれた。そしてそれは、二人の人生を永遠に変えてしまったのである。

やがてジェイソンは、この人生を一変させるようなインタビューのすべてを、一冊の本としてまとめようと思いついた。それが本書である。

この本を読むことであなたも、マイクとジェイソンが受けとったのと同じ、人生を変えるような機会を手にすることができるであろう。

目次

# 第1章 ジム・ローン

「人は自分が向かう方向に進み、
自分が考える方向に
向かうものなんだ」

# 「成功を手に入れるのは、実は簡単なことなんだよ」

今夜お迎えするのは、あの、ジム・ローン氏です。

彼は過去三八年、つまりほぼ四〇年もの長きにわたり自己開発の指導を通じて多くの人々に影響を与えてきました。そのなかにはマーク・ビクター・ハンセンやアンソニー・ロビンズといった、そうそうたる人物も含まれています。

本来の人生を手に入れ、夢を実現するための方法について、これまで何十もの著書やテープ、そして成功に関する講座の中で解き明かしてきました。

今夜は、どうすれば仕事や家庭で成功した人生を送れるかについて、くわしくお聞きしたいと思います。実際にはどうすればいいのでしょうか?

また、なぜ彼は世界中の大勢の人々のよきメンターとなったのでしょうか?

ジム・ローンさん、〝マイク・リットマン・ショー〟へようこそ。

やあ、ありがとう、マイク。出演できてうれしいよ。

こちらこそ光栄です。今夜はあなたから貴重なお話がうかがえるとあって、とても興奮しているんです。これから、成功の概念とそれを達成するための原則についてじっくりお話をうかがいたいと思います。

ではまず、成功という言葉を定義していただけませんか？　成功するとはどういうことを指すのでしょうか？

ジム・ローンにとって、成功とはどのような意味を持つものですか？

---

そうだね、**究極の成功とは、**わたしのセミナーでも教えていることだが、**よい人生を送るということだ。**

そこには収入、経済的自立、目標の達成、夢の実現、家族、子ども、孫、よき友人、生産性といったものも含まれる。実に広範囲におよぶんだ。

〝成功〟という言葉にはそのすべてが含まれるんだよ。

仕事や収入や富だけでもなければ、給与明細の額や銀行口座の残高だけでもない。あらゆるものを意味するんだ。**人生で達成したあらゆることから、それを達成するための**

**戦略に全力で費やした努力まで、そのすべてがよい人生を与えてくれるんだよ。**

――では、成功するための戦略について話していただけますか？　それから、野心について。また、目標の設定と、計画の立案についてもお願いします。あなたはご自身の著書のなかでこう書いておられますね。「成功は追い求めるものではなく、引き寄せるものだ」と。それはどのような意味ですか？

わたしは成功への道のりを二五歳のときにスタートさせたんだが、そのとき出会ったメンターの一人、ショアフ氏が教えてくれたんだ。

**「成功とは、自分がそれにふさわしい人間になることで引き寄せるものだ」**とね。

それには、そのためのスキルを身につけなければならない。

ショアフ氏は自己開発について話してくれた。つまり、すぐれたコミュニケーターとなり、自分の言葉の使い方を学べということだ。

時間管理についても教えてくれたよ。

だが、まずは自分自身を磨くことのほうが先決だ。自分の態度、人格、性質、評判といったものをね。スキルの修得はそれからでいい。スキルには、セールスのスキル、リクルートのスキル、マネジメントのスキル、リーダーシップのスキル、さまざまな人々と協力して仕事をするスキルなど、とにかく、ありとあらゆるものがある。

ショアフ氏はまた、自分自身に取り組むことも教えてくれた。というのも、それまでわたしは、〝自分自身〟にではなく、〝仕事〟に取り組んでいたからだ。

**「自分自身に取り組めば、成功できるよ」**と彼は言った。

本当にその通りになったよ。

ショアフ氏はこうも言った。「成功とは、よい就職口のように、追い求めるものではない」もちろん、よい就職口は望ましいがね。

自分にこう問いかけてみるといい。「わたしは今の二倍、三倍、四倍、五倍の収入に値する人間だろうか?」

わが身を振り返って、「いや、それほどの人間ではない」と思ったとしたら、次にこう問いかけてみる必要がある。「そんな給料を自分に払ってくれる人などいるだろうか? 三倍、四倍、五倍の給料を支払ってくれる会社なんてどこにあるだろうか?」

そのとき、はっきりと自覚するんだ。「今のところ、そんな会社はどこにもない。そんなうまい話などあるはずがない」とね。

**だが、自分自身に取り組むことならすぐにできる。自分の態度や性格、言葉の改善や、**

**スキルの修得に取り組むことだ。そうすれば、よい仕事や人々を引き寄せ、経済的自立や富の獲得を可能にするような、ビジネスやキャリアを築けるようになるだろう。**

つまりそれは、心構えを変えるということですね。考え方を変えて、「世の中」「訳注：universe ── 一般的に「宇宙」と訳されることが多いが、「世の中」「この世」といった意味合いが強い。そのため本書では、「世の中」と訳す。その際、すべてカギカッコで括ることとする」と調和するということですね。

今のお話の中に「言葉の使い方を学ぶ」とありましたが、これについて説明していただけますか?

**その場その場にふさわしい言葉というものがあるんだ。**

家や地域社会の中では、言葉を不注意に使ってもとくに問題はないかもしれない。だがステップアップしようと思うなら、ふさわしい言葉を学ばなければならないんだ。

つまり、職場では職場にふさわしい言葉を、セールスではセールスにふさわしい言葉をね。株式市場でも、自分の言葉が不注意にならないように気をつける必要がある。そうでなければ、大損をすることになるからね。

いいかい、下品な話が好きな人間というのは、とかく下品な言葉を使ってしまいがちなんだ。

内輪の集まりやバーなどでなら、それでもかまわない。だが、ビジネスや金融の世界に入り、そこで成功し、よりよい給料を手に入れ、出世したいと思うなら、慎重でなければならない。その最たるものの一つが言葉なんだよ。

それも単なる言葉ではなく、〝**成功の言葉**〟**を学ぶ**ことだ。人々に敬意を持って接する方法を学び、彼らがインスピレーションを求めているときにはそれを与え、訂正を求めているときには訂正できるようになることだ。

自分の子どもたちに接するのとまったく同じだよ。

**言葉は富への扉を開き、支援への扉を開き、よりよい生活への扉を開いてくれる。また、幸福な結婚や揺るぎない友情への扉も開いてくれるんだ。**

大部分は考え方や態度を変えることで実現できるが、それ以上に、言葉遣いで決まる部分が大きいんだ。

――つまり、内面の変化が外面の変化を生むんですね。

人々はたいてい、内面を変えようともせずに、外面ばかり変えようと一生懸命で

——すから。そういうことですね？

そう、その通りだよ。

その大部分は、考え方を変えることから始まるんだ。

判断を誤るということは、株式市場においても、家庭においても、相手が誰であろうととても高くつく。判断ミスは人を破滅させることさえあるし、本来享受できるはずだった人生よりも劣った人生を送る原因にもなるんだ。

だから、**考え方であろうと何であろうと、そうした誤りを修正することを学ぶ必要があるんだよ。**

かつてメンターから「君はどうして貧しいのか」と聞かれたことがある。

わたしは給与明細を見せて言った。「会社がこれだけしか払ってくれないんです」

すると彼はこう言った。「いや、それは違う。そんな考え方をしていたら、いつまで経っても君は成長できないよ」

わたしはあわてて答えた。「いいえ、これは正真正銘、わたしの給与明細です。会社は本当にこれだけしか払ってくれないんです」

わたしの答えを聞いて、彼は言った。「だから、違うんだよ。ローン君。これは会社が君に払った給与だろ」

　はっとしたよ。そんなふうに考えたことはなかったからね。

　そのあと、彼はわたしにこう聞いてきた。「会社はこの金額の二倍、三倍、四倍、五倍の給与を誰かに払っていないかい？」

「払っています」とわたしが答えると、彼は言ったんだ。「それじゃあ、会社はこれしか払っていないわけじゃない。これは会社が君に払った給与にすぎないんだよ」

**収入を三倍、四倍、五倍に増やすには、ただ会社に「もっと給料を上げてください」と頼んでもダメなんだ。そうではなく、こう自分に言わなければならないんだよ。「わたしは考え方を修正する必要がある。自分の境遇や税制を責めてもしかたがない。会社が遠いだの、暑いだの、寒いだのと言ってもしかたがない。まずは自分自身をなんとかしなければならないんだ」と。**

**すべてはそこから始まるんだ。判断や自分の考え方の誤りを正すことからね。**


――――


　それは、しっかりとした目標を持つということでしょうか？

　考え方を修正するという話を聞いて、さっそくそれを実践したいと考えているリスナーもいると思います。

今現在、現状にがんじがらめになって途方に暮れているリスナーのためにお願いします。自分も他人も満足させられるような考え方は、どのようにして組み立てればいいのでしょうか？

---

**まずは簡単なことから始めることだよ。**

いろいろな人にたずねてみるといい。「経済的自立を実現するために、今どのような考えでそれに取り組んでいますか？」と。

相手はたいていこんなふうに答えるだろう。「わからない。そんなこと考えたこともなかった」

**誤りを修正する指標となる、お金に関するしっかりした考え方を持ち、新しい規律を受け入れ、自分自身を変えなければ、経済的に自立することはむずかしいだろう。**

こう自分に問いかけてみてほしい。「健康を維持するために、自分はどのような考えで取り組んでいるだろうか？」幸運を祈って運を天に任せ、もし悪いところができたら、そのときになんとかすればいいだろうか？

答えはノーだ。そうなる前に学ばなければならないんだよ。

では、こう自問してみてほしい。「わたしのコレステロール値はどのくらいだろうか？」一般的な答えは、次のようなものだろう。「そんなものは知らないし、どうでもいい。もし数値が悪くなったら、そのときになんとかするよ」

だがそうなってからでは手遅れなんだ。大金はかかるし、時間も無駄になるし、命さえ失う危険性もある。もし誰かが誤った判断やお金に関する考え方、精神的なものに関する考え方、また、よい人間関係に関する考え方を修正するのを助けてくれたなら、そこからすべてが始まるんだよ。

**人は自分が向かう方向に進み、自分が考える方向に向かうものなんだ。**

だから、こうじっくり考えてみなければならない。自分の価値観とはどのようなものだろうか？　いいと思うことは？　あまりよくないと思うことは？　よりよい方法は？　最善の方法は？

## 「言葉は富への扉を開き、支援への扉を開き、よりよい生活への扉を開いてくれる」

自分の価値観について建設的な考えを持っていなければ、人はたいてい、より安易な道を選んでしまうものだ。

**安易さは怠惰をもたらし、怠惰は人を今から一年後、あるいは五年後に不幸な目的地へと連れていくんだよ。**

---

つまり、有益な考え方を構築するには、自己認識を高めなければならないということですね。

次に、計画立案という概念についておたずねしたいと思いますが、その前に、あなたが何十年ものあいだ口にしている事柄について話しましょう。

あなたはよく人々に選択肢を与え、どちらかを選ばせることがありますね。

たとえばこのような選択肢です。

「ほかの誰かの計画に加わるか、それとも自分自身の人生で勝負するか」

これについて話していただけますか？

世の中には、ほかの誰かが生産性やビジネスや仕事を生み出すことに甘んじている人々がいる。そんな人々にとっては、毎日タイムカードを押し、ほかの誰かに責任を押しつけているほうが楽なんだ。そして家に帰ったあと、その不満を忘れようとするのさ。だが、じっくり考え始めたほうがいい。たとえば「どうすれば自分の人生の主導権を握ることができるだろうか？」とか、「現在よりも高い地位に自分は値するだろうか？」とか、「自分のビジネスを立ち上げて、自分自身の生産性から何かを生み出してみようか？」といったことをね。

ただ傍観するだけで、責任も引き受けずにいれば、自分自身の計画を立案するのではなく、ほかの誰かの計画にはめ込まれるだけだ。

**自分自身の計画で空白を埋めなければ、ほかの誰かの計画に組み込まれるしかないんだよ。**

どのような計画を立案すべきかわからない場合は、どうしたらいいんですか？何に情熱を持つべきか、どこに行くべきか、どこから始めるべきかわからない場合は？

何かを始めるには、必ずしも情熱が必要なわけではないよ。必要性があればいいんだ。わたしの友人ビル・ベイリーは高校を卒業したあとケンタッキー州からシカゴに行ったんだが、最初に見つけることができたのは夜警の仕事だった。

誰かが彼にこうたずねた。「どうして夜警の仕事についたんだい？」

彼はこう答えたそうだ。「栄養失調だからさ」

つまり、彼が最初に抱いたのは、〝生き残りたい〟〝なんとか暮らしていきたい〟という情熱だったんだよ。

彼は、とりあえず見つけた仕事から成功への道のりをスタートさせたんだ。たとえ、それが気に入らない仕事であったとしてもね。

**現在ついている仕事を好きになる必要はない。その仕事を始めるきっかけとなったチャンスや機会を愛すればいい。というのは、スタートした場所は今から一年後、五年後、一〇年後に自分が行き着く場所であるとは限らないからだ。**

だからまずは、誤りを正すことから始めてみよう。

情熱を傾けられるような何かを見つけることは重要ではない。

もし勉強し、成長し、学び、講義を聴き、本を読み、夜遅くまで働き、自分自身の野心に投資し始めたなら、それによって起こる変化はきわめて劇的なものになるだろう。

それが、二五歳でスタートしたわたし自身に起こったことなんだよ。

二五歳でスタートして、六年後には、あなたは無一文から億万長者になったんですよね。

あきらかに、あなた自身が今のお話の内容を実践されたわけです。みずからの〝心の改造〟を始めて、考え方を変え、態度を変えた――。

これはわたし個人に関することなんですが、あなたがおっしゃった「規律か後悔か」という言葉は、今なお、わたしにおびただしい影響を与え続けています。

この言葉の重要性について話していただけませんか？　規律ある人生を送り、つねにそれを守り続け、望むものを手に入れるにはどうすればいいのでしょうか？


---

この言葉は真実だよ。わたしたちはこの二つのうち一つに苦しまなければならないんだ。規律を守る苦しみか、後悔する苦しみのいずれかにね。

けれど、人は後悔よりも規律を選ぶべきなんだよ。というのは、規律は軽く、後悔は重いからだ。

もう一度言おう。**規律は軽く、後悔は重い。**

なぜなら後悔は、簡単な規律を怠っただけで、一年後、二年後と、時が経つにつれてその影響が累積していくものだからだ。

それは虫歯のようなものだ。歯科医はこう言うだろう？　「今ならたった三〇〇ドルで治療できますが、このまま放っておけば、いずれ三〇〇〇ドルかかることになりますよ」

だから、三〇〇ドルを払ってちょっとのあいだ椅子に座って治療してもらうほうが、より苦しみが少ないんだ。だがもしそのまま放っておくなら、それはいい考えとは言えない。

歯科医はこんなふうにも言う。「虫歯はひとりでによくなったりはしませんよ。治療しなければ治りません。どうか消えてしまいますように、と祈っても無駄です。何の役にも立ちません」

修正することの必要性をいくらかでも理解している人なら、治療するだろう。

食生活に問題があるなら、それを変える方法について真剣に考えてみなければならない。子どもの食生活に問題があるなら、こう思う必要がある。「あの子たちの食事に注意を払わなくては」

栄養状態は振る舞いに影響を与えると、わたしは二五歳のときに教えられた。**栄養状態は、学習、成績、活力、意思決定、寿命に影響を与えるんだ。**

わたしの母は栄養について勉強し、バランスのとれた食生活を心がけていた。そして栄養の大切さを父やわたしに教えてくれたんだ。父は九三歳まで生きたよ。医者によれば、わたしの母は栄養に注意を払い、よい食生活を送ったことで、少なくとも二〇年は寿命が延びたそうだ。

**いくつかの簡単な規律に目を向けることから得られる利益は、計り知れないものだよ。**

もし母親に「一日一個りんごを食べなさい」と言われて、こんなふうに答えた人がいたとしよう。「いやだね。毎日りんごを一個なんて食べる気になれないよ。すべてがうまくいきますようにって、幸運を祈っていれば大丈夫さ」こういうのを〝愚かな人〟と呼ぶんだ。

どんなささいなことでもかまわない。最初から大きな行動を起こす必要はないんだ。**自尊心をおおいに高めていくためには、何か小さなことを始めるだけでいい。**健康にいいことでも、結婚生活のためになることでも、自分のビジネスやキャリアに役立つことでも、何でもいい。

この〝毎日りんご一個〟という新しい規律を、実行しようと決めたほかの規律とともに守るようにしよう。そうすれば、いずれこう言えるようになるだろう。「わたしには治療するところは一つもない。息が切れることもないし、活力に満ちあふれている。それは、毎日りんごをムシャムシャ食べているからだ」

**一度にすべてのことを改革する必要はない。ただ始めればいいんだ。**

だが、あなたが食べた最初のりんごはまちがいなく、たとえそれが健康のための規律であったとしても、その最初の日の終わりまでにあなたの自尊心を高め始めるだろう。

だから、こう自分に言おう。「二度と元には戻らないと誓う」と。

べつに大改革をおこなう必要はない。自尊心をぐんぐん高めていくために、なにもあっと驚くような劇的なことをする必要はないんだ。いくつかの簡単な規律を自分に課すだけでいい。そのあとから、一つずつ増やしていけばいいんだから。

簡単な規律であっても数が増えるにつれ、自分の人生のあらゆる部分——経済的、精神的、社会的——を変えたいと思い始めるようになるんだ。

**今から一年後、あなたはこれまでの平凡な人間とは似ても似つかない人物になっているだろう。自分に関するあらゆる部分を変えることが可能なんだ。**

**もちろん、一晩ですべてを変えることはできない。だが、考え方や哲学を変えることで、それは可能なんだよ。**

**新しい規律を持ち、今すぐ守り始めてほしい。**

——行動を起こすことについて先ほど話していただきましたが、ジャック・キャンフィールド氏は、起こした行動に対して「世の中」が報酬をくれるといったお話をされています。そして、報酬をもらうためにはどのように行動すればいいのかについても。それを実践すればすばらしいことが起こるということで、わたしたちの意見は一致しています。

こうした、ごく小さなステップが推進力を生み出すんですね。それらはエネルギーや力を生み出し、また行動を起こしたいという気持ちにさせてくれます。

あなたはよく〝野心〟つまり〝達成の燃料〟について言及されますね。

「野心を抱け」と。

わたしは事ではありますが、わたしの人生は、楽しみながら野心を抱けるものを見つけたときに一変しました。

「自分自身の計画で空白を埋めなければ、ほかの誰かの計画に組み込まれるしかないんだよ」

――野心を抱くことのパワーについて話していただけませんか？　野心的な人生を築くにはどうすればいいのでしょうか？

**野心はその人の内部でくすぶっていることがある。野心のすべての可能性が、表面に出るのを待っているんだ。**

無規律な生活を送り、健康も人間関係もよりよいキャリアを築くこともすべて成り行き任せにしているのなら、一日の終わりには失望感しか残らないだろう。けれど、もし何かを始めたのなら、必ずや自尊心が満たされ、それは結果的に、成功を達成するのにもっとも重要なものの一つ〝自信〟を養うことになり、ひいては野心の芽生えをも促すことになるんだ。

これまで何一つ売ることができなかった人が、ついにこれはと思える製品を手に入れ、初めて売上を上げたなら、きっとこう言うだろう。「やった！　一度できたのだから、もう一度できるはずだ」

そして一〇倍の売上を達成した頃には、「これは自分のキャリアになるかもしれない。リーダーになるのに必要なステップに。この分野で偉人になるための」こんなふうに言うかもしれない。

こうしたことすべてが、あなたの野心を目覚めさせる可能性を秘めているんだ。炎を燃え立たせ、どんどん大きくしていくためのね。

だが、まずはこのプロセスを始めない限り、野心を大きくすることはできない。

だから、こんなふうに思ってはいけないんだ。「野心が明日の朝、突如としてわたしの中に湧きあがってきて、すべてが変化してくれることを祈ろう」

とにかく、**何か小さなことでいいから始めてみれば、やがてはありとあらゆる規律を身につけられるようになる**ことがわかってくるはずだ。

だからとりあえずは、**簡単なことから始める**のをお勧めする。どんなことでもかまわない。たとえば、電話で必要な連絡をするといったようなことでもいい。それなら、どんな職業についていようとできることだしね。

一日に三回電話をかければ、一年では一〇〇〇回にもなるんだよ。

三回といえばたいして多いようには思えないが、一年では一〇〇〇回だ。

もし一日に三回、一年で一〇〇〇回の前向きな電話をかければ、まちがいなく、あなたの人生に何か驚異的なことが起こることだろう。

わたしはまた「**簡単にできることこそ、なかなかできないものだ**」とも教えている。

新しい言語を学びたければ、一日に三語覚えるようにするといい。そうすれば一年後には一〇〇〇〇語もボキャブラリーが増えることになるんだよ。

こうしたことは簡単だが、いざ実行するのはむずかしいことなんだ。向上するための努力を始めるよりも、「向上すればいいなあ」と思うことのほうが簡単だからね。

これはわたしのセミナーの重要なテーマなんだ。


――では次に、強力な理由を持つことのパワー、明快さ、そして重要性について話していただけますか？


**理由を持つことは重要だよ。十分な理由を持っていれば、読むべき本をすべて読むことができるし、どんなことでも達成できる。**

もし十分な理由、十分な目的、十分な目標、人生で達成したいと思う十分な事柄を持っていれば、どんな講義であろうと、必要だと思うものには出席するだろうし、どんなに朝早くても、必要であれば起きることができるだろう。

ときどき朝ベッドから出るのが少し苦痛なときがある。そのままベッドでいたいと思うようなときがね。それは疲れているからでも、だるいからでもない。起きることに対する十分な理由がないために、やる気がでないからなんだ。だから、理由をどんどん増やしていかなければならないんだよ。

今の時点では重要だと思えて努力を注いでいる事柄も、翌年になって振り返ったときにはこう思えるかもしれない。「あんなことを望んでいたなんて少し愚かだった。今頭の中にあることこそ、わたしが本当に望むものだ。あれはもはや、わたしには重要でも何でもない」

こんなふうにして、自分にとって何が重要かをつねに新しくしていけばいいんだよ。

「家族のために、何者も突き崩すことのできない経済的な壁を築きなさい」

わたしはこの言葉を、六年前に双子の子どもを持つ若い夫婦に言ったことがある。すばらしいことに、この夫婦は今では年収五～六〇〇万ドルも稼いでいるよ。彼らがわたしのところに来てこう言った日を今でも覚えている。「家族のために、何者も突き崩すことのできない経済的な壁を築きなさいと、以前アドバイスしてくれましたね？　だから、わたしたちはそれを実現することに決めたんです。今こうして報告ができることをうれしく思います。わたしたちはついに、家族のために、何者も突き崩すことのできない経済的な壁を築き終えたんです」

理由を持つことのパワーは驚くべきものだよ。これは、人生に奇跡をもたらすあらゆる理由のほんの一例にすぎない。

たとえば、次の質問に対する答えも、すべて理由になる。「自分はどこに行きたいか?」「誰に会いたいか?」「今年はいくつスキルを身につけたいか?」「いくつ言語を覚えたいか?」

わたしは北欧の国々に行って講演をおこなうことがあるが、彼らはみな四つか五つ、あるいは六つもの言語を話すことができる。学校では、四つの言語を学ぶことが義務づけられていて、三つは必修、あとの一つは選択になっている。

つまり、**言語、スキル、ビジネス、経済的自立、あるいは善意の人になるために、できないことなど一つもないんだよ。**

ショアフ氏は言った。「収入の九〇パーセントを人に与えられるような地位になれたら、すごいと思わないか?」

それを聞いてわたしは、「そうなったら本当にすごいだろうな」と思ったものだよ。なかには、「九〇パーセントなんて多すぎる」と言う人もいる。でも、それは残りの一〇パーセントの金額を見てから言うべきだろう。それだけでも、かなりの金額だろうからね。

いずれにせよ、**こうした夢や目標は、やる気に火をつけるものだよ。**

**まず、ただちに行動を引き起こすような目標を持つことが必要だ。**

たとえばこんなふうに。「わたしは九〇日以内に、家賃を遅れずに払えるようになりたい。そのために少し余分に働こう。あれもしよう。これもしよう。講義も聴こう。とにかくどんなことでもしよう。そして九〇日後、わたしは二度と家賃の支払が遅れることはなくなるだろう。督促の電話にはもううんざりだ。次はどんなことを目標にしようか？」


二四歳くらいの頃、わたしの部屋のドアを誰かがノックした。出てみると、ガールスカウトの女の子がクッキーを売りにきていた。彼女はわたしに売り込みを始めた。

「世界でもっともすばらしい組織、ガールスカウトです。このクッキーはどれもたったの二ドルなんですよ」

それからにっこりほほえむと、買ってくれませんかとわたしに頼んだ。

買ってあげたかった。買うこと自体は問題ではなかった。だが大きな問題は、ポケットに二ドルを持っていなかったことだ。

わたしはれっきとした大人で、家庭もあり、子どもも二人いて、大学にも一年通ったことがあった。にもかかわらず、わたしのポケットにはたった二ドルさえ入っていなかったんだ。

自分が無一文であることを言いたくなかったわたしは、うそをついた。「実は、ガールスカウトのクッキーはもうたくさん買ってしまったんだ。家にまだたくさんあるんだよ」

すると彼女はこう言った。「そうですか、それはすばらしいですね。どうもありがとうございます」

そして帰っていったんだ。

彼女が立ち去った後、わたしは自分に言った。「こんな生活はもううんざりだ！　どこまで落ちれば気が済むんだ⁉　ガールスカウトの女の子にまでうそをつくなんて。これは落ちるところまで落ちた人間がすることだ！」

そのできごとは、わたしの強迫観念となったんだ。

**その日からわたしはこう思うようになった。「ポケットいっぱいのお金があれば、どんなものでもすぐに手に入れられる。それを実現すれば、これからの人生、どこにいようと、どれだけ多くのガールスカウトが来ようと、どれだけ多くのクッキーを彼女たち**

**に売り込まれようと、全部買ってあげることができる」**

**それがきっかけとなった。**

モンタナに牧場を持ちたいと思ったわけでもないし、大金持ちになりたいと思ったわけでもない。だがこのできごとは、わたしにやる気を起こさせるのに十分な動機となったんだ。

ショアフ氏は「いつもポケットに現金を持ち歩くようにしなさい」と言っていた。というのは、ポケットに五〇〇ドル持っているほうが、銀行に五〇〇ドル持っているよりもはるかにいい気分になれるからだそうだ。

わたしは、ポケットに五〇〇ドル入れておけるような日が来るのが待ち遠しかった。だから、**最初から多くの理由はいらない。そこから徐々に増やしていけばいいんだよ。**

---

# 「簡単にできることこそ、なかなかできないものだ」

こうした理由が十分にあれば、朝早く起きられないとか、遅くまで起きていられないとか、本を読みたくないとか、カセットテープを聴きたくないとか、自分と取引をしたくないとか、メモをとりたくないとか、日記をつけたくないとか、言葉遣いやスキルを磨きたくないとか思わなくなるよ。

いいかい、すべてがそこに含まれるんだ――夢やビジョンを抱くことも、目標を設定することも、何か簡単なことから始めることもね。

――理由といえば、ジム、そうした強力な理由の多くは、人生の苦しみから生まれるものなんじゃないですか？

その通りだよ。

――わたし自身の経験から言えることなんですが、理由というのは必要性や、逃れたいと思う苦しみから生まれるものなんですよね。

たった二ドルのお金さえ持っていなかったという苦しみは、十分辛いものだったよ。

そのことは、わたしとそのガールスカウトの女の子以外、誰も知らない。もちろん、彼女はそのことに気づかなかったと思う。わたしのうそを信じて立ち去ったからね。

だがわたしは思ったんだ。「こんなことはもう二度とごめんだ」

それは本当に固い決意だった。たった二ドルに関することだったが、そんなことは問題ではないんだ。もしそれが修正したい何かなら、二度と経験したくない何かなら、そこからがスタートなんだよ。

---

あなたは目標を持つことのパワーと成功するための基本原則で、世界的によく知られていますね。

では、目標について話していただけますか？　目標を持つことが重要であることはわかりますが、具体的にはどのように設定すればいいのでしょうか？　頭の中で考えるだけでいいんですか？　それとも紙に書き出したほうがいいんですか？　目標を設定することのパワーと手順について教えてください。

---

わたしの二日間のリーダーシップ・セミナーでは、ちょっとしたワークショップをするんだ。そのテーマは**「今後一〇年間を計画する」**というものだ。

内容はとても単純だ。

**まず自分が望むもののリストを作ることから始める。**

わたしが指導するのは本当に簡単なものだ。目標や期限を設定したりするのに複雑な方法を用いる人々もいるが、わたしはそんなことはしない。

ただ、読みたい本や、行きたい場所や、手に入れたいもののリストを作るように指示するだけだ。

家族にどんな教育を受けさせたいかとか、どんな場所を訪れたいかとか、どんなことを経験してみたいかとか、とにかく全部リストにしてもらうんだよ。

**自分の望むものを決めたら、それをすべて書き出す。思いつくままあれこれ書き出したら、今度はいくつかをリストから削除していく。**それがまた、リストを作る楽しみでもあるんだ。どんな短いリストであってもね。

わたしが最初に作ったリストはささやかな復讐に関するものだった。わたしなど成功するはずがないと言った人々への復讐を、リストに書き入れていったんだ。わたしは新しい車を買って、連中の家の芝生の上を走らせる日が待ちきれなかったよ。そんなちょっとした復讐をリストにしたんだ。

だから、リストの内容はどんなものでもかまわない。自分のためのリストなのだから。

考えが変わったら破り捨て、また新しいのを書けばいいんだ。

あとになって見直したら、こう思うこともあるだろう。「あのときはこのアイデアに夢中だったが、今はこっちのアイデアのほうがはるかにいい。だから、古いほうは忘れてしまおう」こんなふうに、このリスト作りはつねに変化し続けるものでいいんだ。

だが自分に望むものだけでなく、自分が家族に望むものについても考えるなら、ある目標は個人的なものになり、ある目標は共同のものになり、ある目標は家族に関するものになり、ある目標はビジネスに関するものになったりするだろう。でも、それでいいんだ。リストは自分の好きなようにアレンジすればいい。厳密な期限を定める必要もない。でき上がったら見直して、それぞれの項目の横に一、三、五、あるいは一〇と数字を書き入れる。つまり、「これは約一年後、これは約三年後、これは約五年後に達成できるだろう」という、大まかなめどを書くわけだ。簡単だろう?

**成功を手に入れるのは、実は簡単なことなんだよ。**

このことが信じられないなら、簡単なことをむずかしいと思うなら、あなたは一生貧しいままだろう。

**成功できない唯一の理由は、学ぶべき情報を取り入れ、それをただちに実践しないからなんだ。**

とにかく、実践しなければいけない。それには自分自身と取引をする必要がある。健康に関する本を読んだことがあるだろう？　そこには栄養やエクササイズのことが書かれていたはずだ。そして本の真ん中あたりで著者がこう言う。「さあ読者のみなさん、本をかたわらに置いて、床にうつ伏せになり、腕立て伏せが何回できるか数えてみましょう」

だがもちろん、その通りにはしない。そのまま読み続けていると、また著者が言う。「この本をかたわらに置かなかったのなら、床にうつ伏せになり、腕立て伏せが何回できるか数えてみなかったのなら、この本を捨ててしまったらどうです？　アイデアを取り入れる気も、試す気もないなら、どうしてわざわざ読むんですか？」

実にすばらしいアドバイスだね。

---

ではここで、ある話題を取り上げたいと思います。それについて、あなたもわたしの意見に同意してくれるかどうか、お聞きしたいのです。

これまで、行動を起こすこと、計画を立てること、野心を持つこと、小さな行動から始めることについて話していただきました。

わたし自身の経験から言わせてもらえば、行動を起こしたり、考え方を変えたり、

――夢やビジョンに向かって進み始めるときには、「世の中」が協力して助けてくれるような気がします。あなたもそう思いますか？

もちろんだよ！

聖書の中に「あなたが近づけば、相手もあなたに近づく」といった意味の言葉がある。つまり神はこう言ったんだと思うよ。「あなたがわたしに近づけば、わたしもあなたに近づく」とね。

もし教育に近づけば、教育の可能性もこちらに近づいてくる。よりよい健康を手に入れるアイデアに近づけば、情報もまたこちらに近づいてくるんだよ。

いい考えだね。

**自分が望むものに近づいていけば、不思議なことに、なんらかのユニークな作用によって、人生は喜んでその恩人に報酬をくれるものなんだ。**

何かを大切に扱い始めれば、それはすばらしいものをもたらしたり、健康にしたりすることで恩人に報いようとするんだよ。

花をかわいがれば、花はとくにその人のために花開き、こう言うだろう。「見て、こんなにきれいに咲けたのは、あなたが大切に世話をしてくれたからよ。だから、わたしたちの美しい姿はそのお礼なの」

わたしは二人の娘に泳ぎと飛び込みを教えてやった。もちろん、ほかのすべての子どもたちと同じように、娘たちはこう言ったよ。「ねえ、パパ。飛び込むところを見てて」

それはこう言っているのと同じなんだ。「これをわたしに教えてくれたのはパパなのよ。それも辛抱強く。自分の人生の一部をこのために投資してくれたのね。さあ、わたしを見て。どんなに上手にできるかを」

**命あるものすべてが、自分の恩人に報いたいと望んでいるんだよ。**

花畑だってそうだ。手間ひまかけて土を耕し、雑草を抜き、害虫を駆除してやれば、お礼にその人のために美しい花を咲かせてくれる。それは、その人こそが時間とエネルギーと努力と自分の人生の一部を投資してくれた恩人にほかならないからだよ。

---

ではジム、与えることのパワーと〝一〇分の一税〟〔訳注：かつて教会および聖職者の生活維持のために納めた収穫の一〇分の一〕という言葉についてはどうでしょうか？　与えることとその結果起こることについて、話していただけますか？

わたしは、子どもたちにちょっとした公式を教えている。それは「七〇、一〇、一〇、一〇」

と呼ばれるものだ。
この公式は、**稼いだお金一ドルにつき七〇セント以上は決して使ってはいけないということを表したものなんだ。**

つまり、一〇セントは自分で利益を出すための資本金、もう一〇セントは人に貸す受動的な資本金、そしてもう一〇セントは寄付するためのお金だ。

寄付するためのお金は、自分の通う教会に寄付しようが、慈善団体に寄付しようが好きにしてかまわない。その目的のためなら、ほかの誰かに使ってもらってもいいし、自分で使ってもいい。

**子どもたちにはまず、寛大さを身につけさせなければいけない。**そこで、一〇パーセントから始めるのがいいよと教えるんだ。

「成功できない唯一の理由は、学ぶべき情報を取り入れ、それをただちに実践しないからなんだ」

そしてもっと裕福になったら、二〇、三〇、四〇、五〇、六〇、七〇、八〇、九〇と、好きなように率を上げていけばいいんだよ。

だが、始めは一〇セントが適当だね。

寛大であることの大切さを教えれば、子どもたちは困っている人たちを助けてあげて、一ドルにつき一〇セント硬貨を一つ差し出すようになるだろう。本当だよ。

これは精神面にとてもよい影響を与える。自尊心が高まるという効果があるんだよ。

**だから収入の一〇パーセントだけでなく、自分の時間の何パーセントかも同じように与えることで、世界を豊かにする手助けをしようじゃないか。**

これは実に賢明な投資だ。

すぐさま意外な形で見返りがもたらされることだろう。それは自分の性格や評判や内なる精神に、驚くべき影響を与える。実践する価値のあるものだよ。

こんなふうに言う人もいるだろう。「ある団体に寄付したのに、有効に使ってくれなかった」

だが寄付した相手がそのお金を有効に使おうと使うまいと、そんなことは問題ではないんだ。大事なのは、与えたという行為そのものだからね。そのあとのことは、相手側の責任なんだ。

何であれ、**与えることはすばらしい行動なんだよ。**

そしてその次のステップは、**誰かに自分のアイデアを与えることだ。**

二五歳のときに出会ったメンター、アール・ショアフ氏には、生きている限り感謝しなければならない。なにしろ、自分の哲学の大半をじっくりと伝授してくれて、わたしの人生を一変させてしまったのだからね。

彼と出会った最初の年から、わたしは二度と元の自分に戻ることはなかったよ。その年以降、誰もわたしにこんなふうには言わなくなった。「いったい、いつ取りかかるつもりなんだい？　いつから始めるんだ？」

彼がみずから進んで自分の哲学を教えてくれたあの最初の年から今にいたるまで、一度たりともないよ。

ショアフ氏は大喜びで教えてくれた。というのは、わたしに投資すれば、今度はわたしがほかの誰かに投資するとわかっていたからだ。

案の定、その通りになったわけだがね。

――あなたはこのお仕事を始められて四〇年になりますね。

ここまで続けられる情熱とインスピレーションは、いったいどこから来るのです

――か？　今なおこの仕事を続けているのはなぜですか？

こんな楽しい仕事はないよ。さまざまな富をもたらしてくれて、尽きることがないんだから。

だが最大の楽しみの一つは、誰かの感謝状に自分の名前が載ることかな。

ハーバライフ社の創始者であるマーク・ヒューズは、かつてこう言ってくれた。一九歳のときにわたしのセミナーに参加したことで人生が変わった、とね。それはこんな言葉だった。「以前、わたしはジム・ローン氏のセミナーに参加しました。彼は、わたしの経歴にかかわらずアイデアを与えてくれた最初の人物でした。そのおかげでわたしは変化を起こし、成功することができたのです」

それを聞いて、わたしがどんなにうれしかったかわかるだろう。マーク・ヒューズの感謝状に自分の名前が載るなんて信じられなかったよ。

だがそれがマーク・ヒューズであろうと、ほかの誰かであろうと、そんなことは問題じゃないんだ。

こんなシナリオを想像してみてほしい。誰かがこう言ってくれたとする。「五年前、わたしの人生を変えた人物を紹介します。五年前、デニーズのテーブルに二人で座っていたとき、彼がこの本をわたしに薦めてくれました。自分にはとても役立ったから、というのがその理由でした。今思い返してみれば、それがわたしにとってのすばらしい転機となったのです。今のわたしの成功も、すべては五年前の火曜日の朝、デニーズでこの人物がこの本を紹介してくれたことから始まったといって過言ではありません」

だからなにもセミナーをおこなう必要もないし、講義をする必要もない。本を書いて、誰かの人生に影響を与えたり、いつか誰かの感謝状に自分の名前が載るように努力したりする必要もないんだよ。

ただ、誰かにこう言ってもらえるだけでいいんだ。「この人は、わたしが自分自身を信じることができるようになるまで、わたしを信じていてくれました。自分でも気づかなかった長所に最初から気づいていてくれたのです」

---

ちょっといいですか、ジム。あなたは、目的や目標を達成したいと望むことの重要性について詳しく話してくださいました。けれどそれ以上に重要なこと、つまり、達成への過程でなるべき自分になることのパワーについて話していただけますか？

手に入れたものにはもちろん価値がある。だが最高に価値あるものは、手に入れたものではない。**最高に価値あるものとは、どんな人間になったかなんだ。**

ショアフ氏はそのことを興味深い方法で教えてくれたよ。わたしが二五歳のとき、彼はこう言った。「ローン君、億万長者になるという目標を設定してみたらどうかね」

わたしはこの言葉にひどく興味をそそられた。だって、いい響きじゃないか、億万長者だなんて。

それからショアフ氏は言った。「その理由はこうだ……」そのときわたしはこう思ったよ。「理由なんて聞くまでもないじゃないか。一〇〇万ドル持てるなんて最高だな」だがショアフ氏はこう言った。「君は決して一〇〇万ドルを手に入れることはできないよ。なぜなら億万長者になるという目標を設定するのは、それを達成することで自分がどんな人間になれるかということのためだからだ」


――もう一度言っていただけますか?


**億万長者になるという目標を設定するのは、それを達成することで自分がどんな人間になれるかということのためだからだ。**

ショアフ氏はこう言った。

「学ぶべきスキルや、なるべき人間のために目標を設定するんだ。知るべき株式市場の知識のために。身につけるべき時間管理や人間関係のために。自分のエゴを抑える方法を見つける能力のために。寛大であるために学ぶべきことのために。強くなるのと同じくらいやさしくなるために。社会やビジネスや政府や税制について学ぶべきことのために。そして億万長者の地位に到達すべきすぐれた人間になるために。

**君が学んだことすべて、そして君が億万長者の地位にたどりついたということのすべてこそが価値のあるものなんだ。手に入れた莫大な富ではなく。**

そんなふうにして目標の達成を目指せば、やがて億万長者になったあかつきには、手にした富をすべて寄付することができるだろう。**本当に重要なのはお金ではなく、君がどんな人間になったかだからだ**」

これは、わたしがこれまで聞いた中でもっともすばらしい哲学の一つだね。

こんなことを教えてくれた人はそれまで一人もいなかった。

もう一つこうも言っていた。

「望むものを追求する過程で、自分がどんな人間になっているかに注意するんだ。**自分の信条を金のために売ってはいけない。自分の価値観を曲げてはいけない。**そうすることで何かを手に入れたとしても、きっと後味の悪い思いをするだろうから」

老いた予言者がこう言っている。「口の中ではおいしく感じられたものも、やがては腹の中で苦くなる」

だから、**何かを手に入れるために自分の信条を曲げたり、とてつもなく悪いことをしたりすれば、あとから必ず後悔することになるんだ。そんなことはするに値しないことだ。そうやって手に入れたものに価値などまったくないのだから。**

自分自身を成長させ、ある一定のレベルまで到達させるために、自分の信条や価値観を曲げるのなら、それは賢明なことだと思う。というのは、その場合、真の価値は自分がどんな人間になるかにあることを知っているからだ。

---

あなたは先ほど、感謝の気持ちを表現する能力について触れられましたね。わたしも感謝はとても重要なものだと思います。まず、この意見に賛成していただけますか？　あともう一つ、感謝という言葉のパワーについて話していただけますか？

---

そうだね、**感謝はとても重要なものだと思うよ。**

実は、先日短いリストを作ったんだ。それは、わたしの人生にすばらしい貢献をしてくれた人々に思いをはせながら書いたものだ。

リストの一番目は、もちろんわたしの両親だ。

一人っ子だったから甘やかされて育ったが、両親はこれだけの年月、わたしがしっかり生きていけるような基礎を築いてくれたんだ。

そのことについて考えれば考えるほど、こんなふうに思うよ。「両親はなんというすばらしい貢献をわたしの人生にしてくれたんだろう」とね。

その多くは、そのときには理解することができなかった。気づかなかったんだ。けれど時が経つにつれて、両親が教えてくれたことや、してくれた世話、分け与えてくれた愛情、どんなことが起ころうといつも帰る場所を用意してくれていたことに気がついたんだ。両親はそんな無比の安定感をわたしに与えてくれたんだよ。


---

「最高に価値あるものとは、どんな人間になったかなんだ」

両親はよく「おまえならできるよ」と言ってくれた。それは二人がわたしにくれたアドバイスであり、祈りでもあったんだ。世界のどこに行こうとも、わたしはこの祈りのパワーを信じているんだよ。

ときどき、人からこんな手紙をもらうことがある。「ローンさん、わたしたちはあなたのために祈っています」

そんな手紙を読むとこう思うんだ。「なんてすばらしいんだろう。これは誰かがわざわざわたしのために祈ってくれた手紙だ」

こうした手紙は感謝の念に絶えないよ。

――では、金持ちになるための最大の秘訣、時間管理について話していただけますか？　その重要性、また、どうすれば効果的に時間を管理できるようになるかについて教えてください。

そうだね、まずは時間というものがいかに貴重なものかを理解することだね。

**人生には無尽蔵に時間が供給されているわけではないんだ。**

わたしの父は九三歳まで生きたが、それでも早死にだったような気がするね。わたしはいつもあと一〇年、もうあと一〇年、さらにもうあと一〇年生きてくれと願い続けていた。

まちがいなく、父は一〇〇歳まで生きられたと思うよ。

二一世紀をその目で見てほしいと願っていたが、実現しなかった。それにしても、九三歳の死は早すぎたと思うよ。

ビートルズの歌に「人生はとても短い」という歌詞がある。ジョン・レノンにとっては、あまりに短すぎたがね。

**人生における日々も瞬間も永遠に続くものではないんだ。**

重要なのは、時間をできる限り活用することだよ。知らぬ間に過ぎ去らせたりしてはいけない。がっちりとつかまえることだ、チャンスをつかまえるように。違いは、ただ数が多いということだけだ。

**九〇年のあいだに、九〇回春を迎えることができる。**

**ある人がこんなふうに言ったとしよう。「あと二〇年もある」そんな人にはこう言ってやらなければならない。「違うよ。君にはあと二〇回しかチャンスがないんだ」**

一年に一回釣りに行くなら、あと二〇回しか釣りには行けないということだ。もう少し批判的に考えるようにしなければいけないんだよ。あと丸二〇年あるのではなく、あと二〇回しかないのだと。この二〇回をどれだけ価値のあるものにしたいか、と考えるんだ。

コンサートに行くのもいい。家族とゆっくりくつろぐのもいい。休暇を取るのもいいだろう。どんなことでもかまわないんだ。たくさんの中から自分で選べばいい。

計画を立てなくても、時間をできる限り活用するために必要な項目を実行することはできる。

だが、こんなちょっとしたアイデアはどうだろう。**その日の計画を終える前に、その日を始めてはいけない。**

――もう一度言ってもらえますか、ジム？

**その日の計画を終える前に、その日を始めてはいけない。**

これは管理職、そしてリーダーシップの鍵だ。だがこれはまた、家庭にいる母親の鍵でもあるんだ。誰にとっても重要なことなんだよ。

**力のおよぶ限り、その日の計画を立てるということだ。**

**そうすれば意外な発見があるだろうし、改良できることでも何でも、とにかく気づく**

**ことがたくさんあるだろう。**

**その日のために十分な計画を立てて、詳しいスケジュールを組むんだ。**

というのも、一日一日が人生全体を形作るモザイクのかけらだからだよ。「うまくいってくれるといいな」とただ幸運を祈ることもできる。だがその日一日に注意を向けて、「これが、今から二四時間のうちに達成したいことだ」と思うこともできるんだ。

そう心がけて、事前に、たとえば前の晩のうちにしっかりと準備をするといい。十分に計画を立て終えてから、その日を始めるんだ。

それは家を建てることに似ている。わたしがこうたずねたとしよう。「建てたいと望む家をいつ建て始めるつもりですか?」

あなたはこう答えるだろう。「それはいい質問ですね。わたしはいつ家を建て始めたらいいんでしょう?」

わたしはすばらしい答えを知っているよ。それは、「家を建て終えしだい、建て始めればいい」だ。

こう言う人もいるかもしれない。「家を建て始める前に建て終えるなんて可能でしょうか?」

答えは、イエスだよ。建て終えてもいないのに建て始めるほうがばかげているよ。レンガを積み始めたときのことを想像してみてほしい。誰かがそこにやってきてこうたずねるんだ。「ここに何を建てるんですか?」

あなたはこう答える。「まだわからないんです。今レンガを積み始めたばかりで、これからどうなるか、様子を見ていくつもりなんです」

あなたはみんなからバカ呼ばわりされ、ひょっとしたら精神病院にさえ入れられてしまうかもしれない。

**重要なのは、一日を始める前にそれを終えることが可能だということだ。同じように、一ヵ月を始める前にそれを終えることも可能なんだよ。**

わたしは世界中のおよそ五〇ヵ国で同僚とともにビジネスをしている。五〇もの国々でビジネスをするためには、想像もできない数の事前の計画を立てなければならない。そうした世界を股にかけたビジネスをするには、五年、三年、二年、一年も前に計画を立案しなければならないんだよ。

だが、一日の、一ヵ月の、あるいは自分の健康に関する計画を十分に立てることが習慣になれば、自分でも信じられないほど有効に時間を活用することができるようになるんだ。

ジム、いくつかトピックを取り上げて、できれば一つにつき三〇～四五秒で説明していただけませんか？

あなたは過去五〇年でもっとも有能なコミュニケーターの一人です。四〇〇万人の人々の前で講演し、さらに数百万人の人々に著書やカセットテープを通じて影響を与えてきました。

あなたが考える、もっとも重要なコミュニケーションの秘訣とは何ですか？

---

偉大なコミュニケーターになり、その技術を日々向上させていきたいという欲求を持つことだよ。

**社会生活の中で不注意な言動をするのは簡単だが、それは自分のビジネスに悪影響をおよぼす。だから、よりよい言動をするための技術を実践しなければならないんだ。公共の場であろうと、友人同士であろうと、家族とであろうとね。**

こう考えてはいけない。「相手が家族なら、言動なんて気にかけることはない」実際にはおおいに関係あるんだよ。よりよい言葉遣いで接することは、家族にとっても、自分自身にとっても非常に価値のあることなんだ。

それは電話の会話にしても同じだ。もしわたしがこう考えたならどうだろう。「三万五〇〇〇人の聴衆に語りかけるわけじゃないんだから、この電話の会話はおざなりに済ませてしまおう」実際にはそんなことはしない、そうしないように習ったんだ。

わたしはできる限り、もっとも正確でもっともよい情報を提供したいとつねづね思っている。たとえそれが電話の会話であって、どこかの講堂の大聴衆を前にしているわけでなくてもだ。


---

ここまで、目標を持つこと、言葉遣いを変えること、心構えを変えることなどについて話していただきました。

人が何かを追い求めようとするとき、その行く手には避けなければならない障害物があったり、災難が起こったりするものです。立ち直る力のパワーについて教えてください。


---

そう、**立ち直ることができなければダメなんだよ、失望から。それには勇気がおおいに必要だ。**

セールスの仕事を始めて、最初にアプローチした客に「ノー」と言われたら、次の客に話しかける勇気を持たなければならない。あるいは小さなビジネスを始めて、最初の商談会を設定したにもかかわらず誰も参加してくれなかったら、こう考える勇気を持たなければならない。「また別の商談会を設定すればいいさ。一人が『ノー』と言ったからといって、すべての人が『ノー』と言うわけじゃないんだから」

そうした立ち直る能力を身につける必要があるんだよ。

それには、**アベレージの法則**を理解しなければならない。

すべての人が自分のプロジェクトに関心を持つわけではないし、すべての人が自分の商品を買ってくれるわけでもないんだ。だから断られたからといって、それを個人に向けられたものだととらえる必要はないんだよ。

## 「その日の計画を終える前に、その日を始めてはいけない」

健康を害したら、自分の力のおよぶ限り、よくなるためにあらゆることをしなければならない。同じように、失望に直面したら、そこから回復しなければならないんだよ。離婚もそうだ。しばらくのあいだは辛いだろう。いつまでもくよくよ考えて、苦しみにどっぷり浸り続けるだろう。だがそのあとは、自分自身を立て直さなければならないんだ。それが人生というものなんだよ。

誰であっても同じことだ。立ち直ることが必要なんだ。それが健康であろうと、結婚であろうと、家族のことであろうと、ビジネスであろうと、社交上のことであろうと、個人的なことであろうとね。

――では、賢明な利己心のパワーについて教えてください。

いいよ。**人生は必要とするものではなく、わたしたちにふさわしいものを与えてくれるんだ。富が欲しければ富を望めばいい。そのためのしかるべき代価を支払うならね。**

――では、支払うべき代価があるんですね。

**ほかの誰も傷つけることなく、しかるべき代価を支払うことは可能なんだよ。**そのことに気がつき、自分の利己心から金持ちになっていいんだと知って、とてもうれしかった。**誰もが勝者なんだよ。**

---

ここまで、誠実であることや、他人に利益をもたらすために富を創出するということについて話していただきました。

ではここで、マーク・ビクター・ハンセンやロバート・アレンといった、わたしがこれまでにインタビューさせていただいた方々に問いかけてきた質問を取り上げたいと思います。

わたし自身はこれは憂鬱な質問だと思うのですが、彼らはそうではないと言います。その質問とはこのようなものです。

人はみないつか死んでいきます。その日が来たとき、世界中の人々にジム・ローンはどんな人物だったと言ってもらいたいですか?

人々が人生をよりよく変える手助けをすることに力の限り賢明に自分の人生を投資し、かつ自分の人生に感謝した人物、かな。ホントそうだね。

――では、自己教育について話していただけますか？　それがいかにして富を生む種となるかを。ご自身の著書以外に、何かリスナーに推薦していただける本はありますか？

ああ、あるよ。

ショアフ氏はわたしが学び始めたときに、**ナポレオン・ヒルの『思考は現実化する』（田中孝顕訳、きこ書房）**という本を薦めてくれたよ。

――『思考は現実化する』の中で、あなたがもっとも感銘したことは何でしたか？

**欲求、決意、事前の計画、不屈の精神、忍耐力かな。この本はすばらしい情報の宝庫だよ。**

――ほかに思い浮かぶ本はありますか？

**『バビロンの大富豪――「繁栄と富と幸福」はいかにして築かれるのか』（大島豊訳、キ**

ングベアー出版）だね。

この本のおかげで、わたしは三二歳までに億万長者になれたんだ。シンプルな薄い本だが、わかりやすく、読むとやる気がでてくる。ジョージ・S・クレイソンが書いたものだよ。


---

ジム、残念ながら時間が来てしまいました。

あなたのすばらしい知識の宝庫をリスナーとともに分かち合うことができて、実に楽しいひと時でした。

ジム・ローン、〝マイク・リットマン・ショー〟にお越しいただき、本当にありがとうございました。


こちらこそ、マイク。またいつか呼んでくれたまえ。

**●ジム・ローン**

アメリカを代表する国際的な思想家。講演家、コンサルタントとしても活躍。実用的で時代を超えた成功と生産性向上の秘訣を解説している彼は、世界各地で成功に関するカウンセリング活動をし、三〇年以上のセミナー活動を通して四〇〇万人に及ぶ人々に対して講演活動をおこなっている。ウィットに富み、逸話を交えた独特の講演スタイルは、聴衆を魅了するとともにその心を奮起させ、成功への積極的な心構えを抱かせる力を持っている。全米講演家協会の会員でもあり、ソニー、センチュリー21、モービルといった企業にも協力し、コカ・コーラ、ＩＢＭなどアメリカの多くの一流会社のコンサルタントとしても活躍。また、彼に学んだ人物には、アンソニー・ロビンズ、ブライアン・トレーシー、ロバート・アレン、マーク・ビクター・ハンセンなどがおり、いずれもカリスマ的成功者である。著書に『野心を抱け』(田中孝顕監訳、ナイチンゲール・コナント・ジャパン編、きこ書房)がある。

# 「収入の一割を納めた瞬間、『世の中』全体が自分に向かって開かれる」

## 第2章 マーク・ビクター・ハンセン

# 「豊かさというのは、すべての人に行き渡るほど十分にある」

これからご登場願うのは、もっとも影響力が強くカリスマ的で、すばらしい人物の一人です。この番組には毎週超一流の方々をお呼びしていますが、今からご紹介する方は最高にダイナミックです。あのベストセラーシリーズ『こころのチキンスープ』の著者といえばすぐにおわかりでしょう。あのシリーズは現在も数え切れないほど売れています。ペットのためのチキンスープから、女性や男性のためのチキンスープにいたるまで、あらゆるもののための『チキンスープ』を執筆されています。

この人物はまた『目標達成のためのプラス思考』の著者でもあります。彼はこれまでわたしの人生にとてつもない影響力をおよぼしてきました。では、マーク・ビクター・ハンセン氏をお迎えしたいと思います。

――ようこそ、マーク。

君の話を聞いていたら、わたしも自分の話を聞きたくなったよ（笑）。

――ははは、笑えますね、マーク。あなたとこうして話せて、ものすごく興奮しています。もう、うれしくてたまりませんよ。

こちらこそ光栄だよ。出演させてもらえて感謝しているよ。人生で大切なことを気にかけている人々に、じかに話しかけたいというのがわたしの夢であり、願いだったからね。

――ありがとう、マーク。

ところで、あなたの著書はほとんど読んでいます。あなたには人生が一変するほどの強い影響を受けました。

マーク、あなたは豊かになるための本を書かれていますが、なぜそれを執筆しようと思ったんですか？　それは今、あなたにとってどんな意味を持つものですか？

本を書くことは、わたしにとってすべてなんだよ。というのはまず、**わたしは誰でも金持ちになれると考えている**からだ。

今週ちょうど『ウパニシャッド』の一行目を読んだんだ。わたしはたまたまクリスチャンだが、『ウパニシャッド』、これはヒンズー教の聖書に相当するもので、その一行目にはこう書かれている。

「潤沢より潤沢を取り去るも、潤沢は残存す」

わたしが言いたいのは、**豊かさというのは、すべての人に行き渡るほど十分にあると**いうことなんだ。それは、どれだけ大きなパイの一切れを手に入れられるかということではなく、カルヴァート・ロバーツが教えてくれたように、どれだけ大きなパイを作れるかということなんだよ。豊かさというものを理解したあとは、そのことについて書かずにはいられなかった。それまで、「ああ、自分は絶対に金持ちになんてなれっこない」と思っていたんだからね。

いったん欠乏や制限や不足から抜け出せば、きっとこう考えるようになると思うよ。「おい、ちょっと待てよ。すべての人に行き渡るほど十分あるじゃないか」ってね。

つまり、テッド・ターナーはどんどん金持ちになっているが、彼はわたしが金持ちになるのを助けてくれてもいるんだ。

マイケル・ジョーダンは金持ちになることで、あらゆるスポーツ選手が金持ちになる手助けをしているんだよ。というのは、彼のおかげで、スポーツ選手はエージェントを雇って、より多くの年俸を要求できるようになったんだからね。

ビル・ゲイツにいたっては、昨年彼の会社、マイクロソフト社の中に二万一〇〇〇人もの億万長者を誕生させたんだよ。驚くべきことだと思わないかい？

---

名前が出たところで、ビル・ゲイツについて話していただけますか？

マイクロソフト社をあそこまで変容させた想像力とは、どのようなものなのでしょうか？　説明していただけますか？

---

ビル・ゲイツについてだね。マイクロソフト社を立ち上げたのは、小柄なコンピュータおたくだった。その時彼は十七歳、ハーバード大学に在学中で、とても頭がよかった。いつも教えていることだが、**仲間と夢とちょっとした目標があれば、社会に出てそれを実現することができる。**それこそまさしく、彼がやったことだった。

彼はポール・アレンと手を組んだ。

ビルは今、こんなふうに言っているよ。**「マイクロソフト社の唯一の財産とは」**、それはまた君にとっても、わたしにとっても、リスナーのみなさんにとっても同じように唯一の財産なんだが、**「人間の想像力だ」**とね。

わたしの著書もすべて、人間の想像力によって生み出されたものだ。『こころのチキンスープ』にしても、ビル・ゲイツがつくったすべてのソフトウェアにしても同じだ。それはテッド・ターナーがつくったケーブル放送にしても同じなんだよ。

今やテッド・ターナーはアメリカの総資産の一パーセントを所有している。彼は自分の著書の第一行目にこう書いている。「わたしは毎年一〇億ドル稼ぐまで働くことにしている。それには一五日かかるので、それでその年の仕事は終わりだ」

この想像力の使い方は現在のわたしのレベルを超えているが、この考えには賛成だね。この言葉こそ、そのレベルへとわたしを引き上げ続けている原動力なんだよ。けれどこのテッド・ターナーの言葉を読んでいなければ、そこまで到達しようなんて思わなかっただろうね。


――繁栄という概念についてもう少し話していただけますか? それは学校では教えてくれない、自分自身でその真の意味を探さなければならないものですよね。

繁栄（prosperity）とは、ラテン語で〝液体の〟という意味だよ。わたしたちの誰もが、正しく考え、正しく話し、正しく行動し、正しく生きるとき、液体の状態にあるんだ。液体の状態であれば、正しい結果にすみやかにたどり着くことができる。けれどネガティブな考え方をしていれば、固体になって身動きがとれなくなる。

つまり、**ポジティブかつ正しく考えるようにすれば、動けるようになって、正しい結果にたどり着くための正しい行動を起こし始めるんだよ！**

---

実にすばらしいですね！

あなたの著書『完全なる豊かさを達成する方法（How to Achieve Total Prosperity）』の中の、〝富の原則その一〇〟について簡単に触れたいと思います。これはつまり、「あなたがもっとも学びたい、また学ばなければならないことを教えなさい」といったものですね。

この原則のパワーを詳しく説明していただけますか？

---

わたしはプロの講演家になってもう二五年になるが、妻とわたしは石油景気の頃、テキサス州の油田地帯、ミッドランドオデッサに住んでいた。そこではもっとも貧しい人でも

一億ドル以上の資産を持っていて、わたしもその頃、億万長者になったばかりだった。

その地域に住む人々すべてにわたしの著書を一冊配ったんだが、そのうちの一人がわたしと話したいと言ってきた。

話を聞いてみると、彼らはみなお金こそ持ってはいたが、わたしが教えているような豊かな気持ちは感じられないということだった。

いいかい、満足感やワクワク感があるなら、心が満ち足りているはずなんだよ。信じがたいことなんだが、この男たちは夢中になってわたしの話に耳を傾けていた。だが、完全な豊かさを達成する方法について話し始めようとしたちょうどそのとき、妻がかがんでこう言ったんだ。「あなたは本当に、この人たちにその話をするのにふさわしい人間なの？」

そんなふうに、わたしたちはみな試されるんだよ。重要なことは、**自分がもっとも学ぶ必要のあることを人に教えなさい**ということだ。

これはテーマに関係なくセミナーのたびにわたしが教えていることなんだよ。

わたしはこう言っているんだ。**「少なくとも一つの、たった一つのアイデアでいいから自分のものにしなさい」**とね。

**好きなアイデアから一つ選んで、それを実践すればいい。そしてそれをほかの誰かに**

**教えれば、そのアイデアは自分のものになるんだよ。**

——自分が学んだことを誰かに教えるたびに、それはさらに自分のものになるということですね。

その通りだよ。

——よりいっそう自分のものになるんですね。歩き回って、話せばいいんですね。驚くべきことですね。まったくすばらしい！

私なら、簡単に見つけられない情報をいくつか付け加えますね。それこそ、この番組に出演してくれた方々が心から願っていることですから。

今日アメリカできわめて当たり前になっていることは、お金に関する考え方、つまり「お金に関するネガティブな考え方」とあなたが呼んでいるものです。たとえば、「わたしがロックフェラーみたいな億万長者だとでも思っているのか？」といったものです。

お金に関する考え方と、わたしたちが幼い頃にそれをどのようにプログラムされ

―たかについて、リスナーのみなさんに少し話していただけませんか?


わたしの両親はデンマークからの移民だった。両親のことはとても愛しているけれど、わたしの父は、今、君が言った通りのことを言っていたね。

「わたしたちはあれもこれも買うことができない」

「わたしを誰だと思っているんだ? ロックフェラーだとでも? お金でできているとでも?」

「お金が木になるとでも思っているのか?」

こんなふうにも言っていたよ。「わずかな金で苦しむこともあるんだ」

とっておきの言葉は、これだよ。「まさかの時に備えて、貯金しておいたほうがいい」

こういった言葉はすべて、誰の利益にもならないネガティブなプログラミングの例だ。


わたしはこうした考えを全部無視するように教えているよ。からかっているわけではなく、わたしたちはみな自分たちの状況を笑い飛ばす必要があるんだ。というのは、わたしたちはみな人間として同じ状況に置かれているからだよ。

**正しく見ることさえできれば、わたしたちの弱点は笑えるものなんだよ。**

わたしもそう思います。

ところでマーク、あなたは『一〇分の一税の奇跡（The Miracle of Tithing）』に書かれた原則を実践すれば、とてもパワフルな効果が得られると言っています。石油王J・ポール・ゲッティなど往年の大実業家や資産家の多くもこの原則を実践しています。

〝一〇分の一税〟のパワーについて話していただけますか？　見返りを期待して寄付するべきですか？　それとも期待しないで寄付するべきですか？

この言葉について少し説明してください。一〇分の一税の概念について、この言葉の由来、また人生においてどのようにそれを利用したらいいかについて。


「仲間と夢とちょっとした目標があれば、社会に出てそれを実現することができる」

まず、一〇分の一税とは古くからある概念なんだ。それは、あらゆる宗教やスピリチュアル・システムに見られるものなんだよ。ようするに、神に与えられた一〇〇パーセントの中から一〇パーセントをとって、神に返すことなんだ。

そうすれば、友人のジム・ローンが言っているように、神に少し近づくんだ。そして、神もあなたに向かって一歩近づくんだよ。

見返りを期待しようとしまいと、それは問題ではない。

現在あらゆる研究がおこなわれているように、祈りが助けになるかどうかというのと同じ問題なんだ。わたしの友人の一人、ラリー・ドーシー博士はがん患者を診ているんだが、こう言っているよ。「どんな宗教を信仰していようとかまわないし、誰かが祈ってくれていることを当の本人が知っていても知らなくてもかまわない。とにかく、祈りは人を健康にするんだ」と。博士はこうした事柄を二重盲検法〔訳注：実験中は被験者にも実験者にもその仕組みがわからない方式〕で研究しているんだ。

**収入の一割を納めた瞬間、「世の中」全体が自分に向かって開かれる。**というのは、それによって自分の態度が変化するだけでなく、原因にはすべて結果があるからだ。そして、さらなる重要な要素は、それがおよぼす結果のすべてを知ることはできないということだ。**結果に関するすばらしい点は、累積していくということだよ。**

それは神や善や「世の中」の株を買って投資しているようなものなんだ。**収入の一割を納めるやいなや、成功が確信できるだろうね！**

――マーク、あなたが一割納めるのはお金だけですか？

いや、実際には違うよ。実にいい質問だね。すばらしい質問だよ、マイク。実際にはお金以外にも、時間、エネルギー、努力といったものでもいいんだ。**自分が必要としているものならどんなものでも、一割寄付する必要があるんだよ。**

わたしはロングアイランドでこのビジネスを立ち上げたときにこれを始めたんだ。当時、わたしは無一文でひどい状態だったが、二六歳の講演家、チップ・コリンズを雇った。彼は今も同じ分野ですばらしい仕事をしているよ。

彼の話をしてあげよう。

チップが最初にロングアイランドで講演の仕事を始めたとき、彼には妻と二人の赤ん坊がいた。彼はまったくの無一文で、途方に暮れていた。

ポケットに三五セントを持っているだけだった。彼はカトリック教徒だったので、カトリック教会に行き、こう思った。「三五セントじゃ、子どもたちにミルクも買ってやれないし、妻に食べさせてやることもできない。これからどうしたらいいんだろう？」

チップは泣きながら、いちばん前の席に座り、心の中でこう言った。「神様、あなたにこの三五セントを全部差し上げます。僕にはほかに何もない。このお金をすべて差し上げますから、何か仕事をください。言われたことは何でもします。もうどうしたらいいのかわからないんです」

チップはその三五セントを寄付すると、教会を出ていこうとした。そのとき最後列の席に座っていた男が声をかけてきた。「チップ君、チップ君、こっちへ来たまえ」

チップはたずねた。「僕のことを知っているんですか？」

すると男は答えた。「ああ、知っているよ。君は先週わたしのオフィスにやってきて、講演の仕事をさせてくれないかと頼んだね」

チップは言った。「ああ、そうです。思い出しました」

そして男は言った。「君を雇うことに決めたよ。八講演やってくれたまえ。最近はとても商売がうまくいっているものでね。今ここで前払いの小切手を渡してもかまわないかな？」

こうしてチップは四〇〇ドルの小切手を受けとった。彼にはそれが四〇〇万ドルもの大金に思えた。これで二人の赤ん坊にミルク、妻には食料品を買ってやれるだけでなく、その月の請求書の支払をすることができたからだ。それはあっという間のできごとだった。

いいかい、教会に立ち寄ったとき、チップは目に涙を浮かべて、車のハンドルに向かってこう考えていたんだよ。「僕は失敗者だ。もうおしまいだ。僕は何の役にも立たない無価値な人間だ。いや、それ以下だ」

――それこそまさに、一〇分の一税のパワーを如実に物語るエピソードですね！　こう言ってもいいんじゃないですか、マーク？　自分の人生でもたくさん一〇分の一税を納めるべきだと。

まったくその通りだよ！　すばらしい慈善的行為について一例たりとも書かれていない本なんて、わたしたちは決して書かないよ。

――では次に、ちょっと情熱的な領域に話題を進めることにしましょう。たぶん、あなたはこの話題について話すのが好きだと思います。

あなたの最大のメンターの一人は、偉大なるバックミンスター・フラー氏でしたね。あなたが、フラー氏のことや、彼がいかにあなたの人生に強い影響をおよぼしたかについて語っているのを知っています。

フラー氏があなたの人生にどんな強い影響をおよぼしたのか、話していただけませんか？　また、フラー氏との交友から学んだ、生涯心に残るような教えを、一つか二つ聞かせてください。


---

彼は現代のレオナルド・ダビンチだ。彼はアルバート・アインシュタインのもっとも優秀な生徒だった。誰もが目にしたことのある、ジオデシックドームのようなすばらしい発明を二〇〇〇も考案したんだ。ジオデシックドームとは、三角形を組み合わせてできた建造物のことだよ。

当時、わたしは南イリノイ大学の大学院に通っていた。南イリノイ大学基金を通じて、いくつか発明品を作っていたんだが、ある人にこう誘われた。「フラー博士はここの教授だよ。彼も君と同じ発明家だ。彼の講義を聴きにこないかい？」

そこでわたしはフラー博士の講義を聴きに行った。彼は小柄で、すでに円熟の境に達していて、当時七一歳だった。博士は髪をごく短く刈り込んでいたが、頭はかなり光っていたね。

博士の講義には五〇〇〇人の生徒が集まっていて、わたしは誘ってくれたリチャード博士とともに前の席に座っていた。わたしは畏怖の念に打たれながら、博士の講義に耳を傾けていたよ。

二週間と経たないうちに、わたしはフラー博士の研究スタッフのメンバーになっていた。それから七年間、わたしは彼とともに世界中を旅して回った。博士はわたしに、包括的に考える方法について教えてくれたんだ。

**博士は〝ワールドゲーム〟と呼ばれる概念を創案していた。「世界を一〇〇パーセント人類愛のために機能させるにはどうしたらいいのか？」というものだ。**

**わたしは今なおそれを実現しようと努力しているよ。わたしたちの著書一冊一冊にさまざまな博愛精神が込められているのはそのせいなんだ。そのすべてがこの概念と結び付いているんだよ。飢えた人々に食べさせたいと願うときも、家のない人々に家を提供したいと願うときもね。**

〝チキン・スリー〟という組織の一員として、わたしたちは米国赤十字とともに活動していた。しばらくのあいだ、彼らのスポークスマンとアイデアマンを務めていたんだ。

そして、最初の年に米国赤十字のために二五万ドル寄付金を集めたよ。

カイロプラクティックの仕事をしている友人たちもみな協力してくれた。わたしはロングアイランドのカイロプラクティック業界では有名なんだ。ほとんどすべての医者が献血キャンペーンに協力してくれた。採血車が彼らの病院にやってきたら、無料で適合検査をしてくれたんだ。おかげで十分な血液を集めることができたよ。

**献血に協力してくれた人々の血は減ってしまったけど、結局は世の中に還元するのだから全体的な量は減っていないんだよ。クールだと思わないかい？**

――本当にクールですね。

**肝心なのは、一分前にどこにいたかということなんだ。想像力が現実をつくり出すからだよ。**

問題にがんじがらめになりたくなければ、どんなふうに考え始めなければならないだろうか？　常軌を逸した、途方もない、とっぴな解決策とはどんなものだろうか？　それをすべて書き出し、しばし論理的に考えたら、慎重に優先順位をつけよう。

というのも、バッキーがいつもこう言っていたからだ。「あらゆる優先事項には、対立し合う優先事項がある」

つまり、**何かをしているあいだは、同時にほかの何かをすることはできない**ということだよ。たとえば、わたしが子守や何かをしていたら、こうして君と話はできないということだ。

――想像力について触れられましたが、あなたは成功するための四つのシンプルなプランを考案していますね。

それについて話していただけますか？

いいとも。それはこんな四つの原則のことだよ。

「自分が必要としているものならどんなものでも、一割寄付する必要があるんだよ」

**一つめは、自分が真に望むものを見つけること。**わたしやジャック・キャンフィールドの場合、ベストセラーを書きたかったわけではない。わたしたちは『こころのチキンスープ』という、超ベストセラーを書きたかったんだ。それ以外なら、つまり、ただのベストセラー本なら欲しくはなかった。わたしたちはベストセラーシリーズを書きたかったんだよ。**自分が真に望むものがはっきりすればするほど、それを達成するのは容易になるんだ。**

**二つめの原則は、それを書き出すことだよ。**ほかのすべての同業者と異なるのは、わたしの場合、できるだけ多くの目標を持つことを勧めている点だ。わたしは六〇〇〇以上の目標を書面に書き出しているよ。

――六〇〇〇もですか⁉

たいていの人はこんなふうに言うね。「わたしが欲しいのは新しい車だけです」マイク、君は一六歳のとき、こう思っただろ? 「もし車が手に入れば、女の子にモテるだろうな」そして車を手に入れたら、今度は女の子たちがほかのものを欲しがっていることに気づくんだ(笑)。

だから、自分が望むものを明確にしなければならないんだよ。

**そして三つめの原則は、それを視覚化（ビジュアライゼーション）することだ。**フリップ・ウィルソンはこう言っている。「見るものは手に入れるもの」とね。ここで言っているのは、心の目で見るもののことだよ。わたしたちはニューヨークタイムズ紙のベストセラーリストを切り抜いて、第一位のところに自分たちの名前を入れた。実際に第一位を獲得する前のことだよ。そして一枚をわたしの家の鏡に、もう一枚をジャックのオフィスの鏡に貼ったんだ。

だからわたしたちの心の目には、ひげをそっているときも、ご婦人がたが化粧をしているときも、実際にそうなる前に、自分たちはベストセラー作家だという考えが焼き付けられたんだよ。

---

今のお話をもう少し説明していただけますか？　手に入れていないものを実際に手に入れたようなつもりになることについて。また、手に入れる心の準備をしていれば、それはいずれ手に入れられるということについて。もっと詳しく話していただけますか？

もちろんだとも！

わたしはウォルト・ディズニーの絵をオフィスの壁に飾っている。

ウォルト・ディズニーの晩年、死ぬ間際に一人の男が彼に会いにきた。男は入ってきてこう言った。「ああ、ウォルト、なんて残念なんだ。エプコットセンターとディズニー・ワールドを見ることができないなんて！」

ウォルトは彼を見て言った。「何を言っているんだ？　わたしが心の中でそれを見なかったら、君は実際に見ることはできなかったんだよ」

今こうしてわたしと君とがかわしている会話も、現実になる前は君のビジョンだったはずだ。そしてそれはわたしのビジョンでもあった。わたしのビジョンとは、公の場で、自分の人生に真の変化を起こしたいと願っている人々に話しかけることだった。

一方、君のビジョンとは、すばらしい考えを持つ人々をゲストに呼んで、リスナーにそのアイデアを取り入れてもらい、この番組を聴き続けることで成長し続けてほしいということだ。だからリスナーも、君も、わたしも、誰もが得をしているということだね。

——おっしゃる通りですね。

では、視覚化の仲間、〝アファーメーション（自己説得）〟について触れたいと思います。まず一つめは、あなたはご自分の人生においてアファーメーションを使っていますか？　二つめは、それをするのに適した方法とはどんなものですか？

---

**アファーメーションはつねに一人称でなければならない。**つまり、「わたしは」で始まるものなんだ。というのは、**アファーメーションとはこの世でもっとも力強い言葉**だからだ。

もし貧乏なら、心の中でひそかに「わたしは金持ちだ」とアファーメーションし始めなければならない。もし病気なら、「わたしは健康だ」とアファーメーションする。そして、医者がやってきてこう言う場面を視覚化するんだ。「おめでとう。あの恐ろしい病気を克服しましたよ」

どんな問題であっても同じようにすればいい。

あるいは誰かが自分にトロフィーや賞状をくれて、こう言うところを視覚化する。「すばらしいじゃないか。ラジオのビジネス番組の中で君の番組がナンバーワンになったよ」きっと誰かが将来君にそう言うだろうね。その人物は誰かな？

それを視覚化し、アファーメーションすればいいんだよ。というのは、聖書にもあるように、「信じる者には次のようなしるしが伴う」［訳注：マルコによる福音書、第一六章第一七節。奇跡を起こす力が与えられる、の意］からだ。**実際に起こることは、あとからやってくるんだよ。**

もう一つの偉大な聖書の言葉とはこうだ。「わたしの口から出るわたしの言葉も、むなしくは、わたしのもとに戻らない。それはわたしの望むことを成し遂げ、わたしが与えた使命を必ず果たす」［訳注：イザヤ書、第五五章第一一節］これは、たいていの人がこんなふうに考えるのとは違うんだ。「何でも好きなように話していいんだ。言葉は口から出たとたん、過去に行くんだから」

まったく正反対なんだよ。**言葉は口から出たとたん、未来に行くんだから！**

**だからたった今言葉にしたことから、いつの日か一〇〇万部の本を売ることになり、チャリティーで一〇〇万ドル寄付を集めることになり、アメリカの一〇〇万人の子どもたちに食べ物を与えることになるんだ。**

---

マーク、一人の人間として見たとき、あなたにはわたしを魅了してやまない側面があります。

あなたはすぐに人と心を通い合わせることができるように思えるんです。

そんなふうに人々と打ち解けた関係を築くために、どんな努力をされているんですか？

そうだね、それは今話している四つの原則に関係があるんだ。

つまり、**自分が望むものを明確にして、それを書き出し、視覚化すること。**くわえて**四つめの原則、両手の人差し指を立てて、一足す一は一一のパワーがあると信じることだ。仲間が集まったら、自分たちの夢をまとめる。そうすれば、その二人は奇跡を生み出すことができるんだ。**

ジャックとのチームはわたしから誘って始めたものだが、わたしたちはいつもこんな具合に視覚化しているよ。たとえば講演で会場にいるとしたら、それは自分のためではなく、聴衆のためだとね。今の場合だと、君のリスナーのためにここにいることになるね。つまり、すぐに聴衆と心を通わせる必要があるんだよ。そうすればすぐに、聴衆の心に訴えるような話ができるからね。

たいてい、プロの講演家によるスピーチは、ビデオでもそうなんだが、制限時間は一時間以内に限られているんだ。

これはフラーから学んだことなんだが、わたしたちはこれを「幸先のいいスタート！」

と呼んでいるんだ。

それは今起こっているようなことだよ。リスナーたちがわたしたちの話を聴きながらこう思う。「なんてこった、この考えについてもっと知らなければ！　これは本当にすばらしい考えだ！」そこで、リスナーは君やわたしのウェブサイトにアクセスしたり、オフィスに電話をかけたりして、情報を集め始める。そうやって彼らが見つけ出すものは、五五時間にもおよぶ重複のまったくない情報なんだよ。

彼らはこう思う。「誰もこの考えについて五五時間分も知ることはできないだろう」

ところでわたしは、二時間執筆し、引用を一つ書き出し、一時間以内でスピーチできる新しいモデルを少なくとも一つ作ることを日課にしているんだ。

一回のスピーチで使うアイデアは一つだけにして、それを発展させ、詳述し、探究することにしているんだよ。

スタッフとわたしは、君とのこの会話が始まる直前、会議室に座り込んで、今日作ったばかりの新しいスライドを見た。タイトルは**「成功の四面体」**だ。内容は、**あなたの望みは何だろう？　それがわかったら、書き出し、視覚化し、夢に描き、チームを組み、計画を立てよう。そうすれば、それはあなたのものだ、**というものだよ。

実にすばらしいですね。マーク、あなたはチームワークについて多く言及していますね、マスターマインドのパワーについてです。一足す一は二ではなく一一に等しく、それは指数的に増加していくと。二つのことについて話していただけますか？　一つはマスターマインドについて少し。もう一つは、マスターマインドの完璧なパートナーをどのように見つければいいかについて。

それは**自分自身に立ち戻ること**から始まるんだ。**自己発見とはつまり、自分がどんな人間かを見きわめることだからね。**自分の最大の才能とは何だろう？　自分のもっともユニークな能力とはどのようなものだろう？　そんなふうに自問してみることだ。

# 「想像力が現実をつくり出す」

わたしのユニークな才能は、講演家、作家、プロモーター、マーケターとして並外れているということだよ。この四つがわたしの得意なことなんだ。

けれど、わたしはゴルフができない。できることよりもできないことのほうが多いんだ。

次に、残る片方を見きわめる。それは誰もあまり探究したくない部分だ。しかし、自分自身を探究し、こう自問してみるんだ。「わたしの弱みは何だろう?」誰だって自分の弱みを認めたくはない。だが、自分の弱みを書き出すことが大事なんだ。

そしてこう考える。**「わたしの弱みを強みとする誰かを見つけよう」**

**これで、一足す一が一一になるんだよ。**

わたしはジャックと、『こころのチキンスープ』や『目標達成のためのプラス思考』といった本を一緒に書いているが、基本的にわたしは外回り担当なんだ。

誤解のないように言っておくが、もちろんジャックも外回りの仕事はするよ。だが彼は基本的にはデスクワーク担当なんだ。わたしはマクロな考え方をするタイプで、彼はミクロな考え方をするタイプなんだよ。わたしは想像力が豊かなタイプだが、彼は実際的で現実的なタイプなんだ。

それは、どちらかがすぐれているということではない。わたしたちが一緒に活動することがより重要なことなんだ。わたしたちはチームなんだよ、対等のね。わたしたちがおこなうことは、すべて二人で共有するんだ。

――では次の話題に移りましょう。
マーク、あなたはよく、『思考は現実化する』を書いた偉大な作家、ナポレオン・ヒルについて話をされていますね。彼がエジソンやフォードについて書いたエッセイを数多く読まれているそうですが、それは本当ですか？

すべてオリジナルで読んでいるよ。**『思考は現実化する』**はたぶん二〇〇回は読んだね。さっき話したチップ・コリンズは、ロングアイランドでのわたしのマスターマインド・パートナーだったんだ。わたしたちはマスターマインドについて延々と語り合ったものだよ。この本の中で度肝を抜かれたのは、**「原因が結果全体に影響を与える」**ということだね。これには、思わず声をあげてしまったほどだ。
もう一つ度肝を抜くことは、ナポレオン・ヒル・ゴールドメダル授賞コンベンションで、わたしは過去二回司会を務めていることだよ。黒の蝶ネクタイをしめて、友人のウォリー・〝フェイマス〟・エイモスと一緒にね。

――ナポレオン・ヒルがインタビューした人物に共通する、ひときわすぐれた特徴とはどんなものですか？

彼らは一人残らず、目標に向かって必死に努力していた。それがわたしの学んだことだよ。**わたしは人々を助けようと必死で努力している。わたしの目標は人々を助けることだからね。**

――ステージに立って聴衆の前で話をするとき、その会場の中には相互作用の要素があるものですね。それは驚くべきことだと思います。

ではたった今から、マーク・ビクター・ハンセンに講演家としてお話しいただきたいと思います。あなたはたしか、〝コールバック〟と呼ばれるテクニックを使っていますね。聴衆に自分自身に触れさせて、ある言葉を言わせるというものです。コールバックのパワーについて少し話していただけますか？　どのような働きをするものなのか、また、どのようにして実践すればいいかについて教えてください。

いい質問だね！

君にたずねるつもりだったんだよ。わたしのどんなところが人々に親近感を抱かせると思うのかをね。

**聴衆にコールバックをしてもらうときは、まず自分自身に触れてもらうんだ。それは〝錨（アンカー）〟と呼ばれるものだ。コールバックは人々を異なるレベルへと目覚めさせるんだよ。**

そしてこう繰り返し言ってもらうんだ。「わたしは健康だ。わたしは幸福だ。わたしは成功している」とね。これは、友人のディーパック・チョプラから学んだものなんだ。彼はもっとも偉大な医師であり、量子物理学者であり、アーユルヴェーダの療法士だ。

彼はこう言っている。**「幸福だと思えば、細胞が幸福になり、幸福な細胞は量子を幸福にし、幸福な量子はほかのすべてを幸福にする」**

**つまり、人は誰でも幸福になるか不幸になるか、成功するか失敗するかのいずれかを選ばなければならないんだ。**

だから、こう言わなければいけない。「さよなら貧乏。こんにちは富」あるいは、「さよなら病気。こんにちは健康」、「さよなら有限。こんにちは無限」とね。

あらゆるものが豊富にある。霊的なものであろうと、精神的なものであろうと、物質的なものであろうと、経済的なものであろうと。それらすべてを含む、わたしたち全員が手に入れることのできる〝完全なる富〟が存在するんだ。すべての人が個々にそれを見つけるとき、わたしたちはそれを集合的に所有することができるんだよ。

——では、エネルギーとしてのお金について話していただけますか?

**お金とは、すなわちエネルギーだよ。**

もっともシンプルな形は〝お金の速度〟と呼ばれるものだ。かりに今セミナーを開いていて、わたしの前に四〇〇人の受講者がいるとしよう。最前列の人々を選び、わたしは一ドル紙幣を取り出す。その一ドル紙幣でわたしは、マイク、君から何か買うとする。そして今度は君にサムから何かを買ってもらう。次にサムはサリーから買う。このようにして、その一ドルはすべての人の財務諸表に載ることになる。

けれど、ハリーがその一ドル紙幣を手にしたときこう言いだす。「ああ、大変だ!ニューヨークタイムズを読んだら、信じられないことに、明日から不景気になるそうだ。株式市場の活況は長く続きすぎた。そろそろ株価が下がり始めてもおかしくない」

ここで何が起こったかというと、ハリーがその一ドル紙幣をしまい込み流通をストップさせてしまったために、その一ドルは残り三九六人の財務諸表に載ることがなくなったということだ。ところが、わたしが今言おうとしているのは、これとはまったく正反対のことなんだよ。

それは、アファーメーションに関係することだ。たとえば「景気はどうだい?」と聞かれたら、必ず「すごくいいよ」と答えるべきなんだ。だって、つねに誰かやどこかの会社は景気がいいだろ?

この繁栄をもたらしているのは、わたしたちの思考なんだよ。**人間とは〝思考する資本〟なんだ。ビル・ゲイツが語った想像力そのものなんだ。**

**想像力には限界というものがない。人々がポジティブに想像する限り、さらなるソフトウェア、本、カセットテープ、ビデオ、ゲーム、娯楽が生まれるんだよ。新しいアイデアというものは実にエキサイティングだ。人間はそれによって偉大なことを成し遂げることができるんだよ。**

---

すごいお話ですね。このインタビューが四時間続けばいいと思いますよ。このままずっとここにいたいくらいです。

わたしはこの番組を何度もやっていますが、それはわたし自身、ゲストの方々におたずねしたい質問がたくさんあるからなんです。リスナーとともにこうしたすばらしい情報を分かち合えるのは大きな喜びです。

プロの講演家として、マーク、あなたが知る限りもっとも聴衆の心に訴えるテクニックで、ご自分のコミュニケーションで活用しているものは何ですか？

——**ストーリーを話すってことさ。**だから、『こころのチキンスープ』全シリーズもその手法で書いているんだ。

——ところで、ジェイソン・オーマンがあなたに質問があるそうなんです、マーク。質問をどうぞ。

——興味深い質問なんですが、彼はこうたずねています。「マーク、朝起きたとき、どんなことを心待ちにしますか？　朝起きて、最初に心に浮かぶ考えとはどのようなものですか？」

そうだね、わたしは誰でもいつもよりほんの少しだけ早めに起きたほうがいいと思っているんだ。そのあとトイレに行って、戻ってきたら、瞑想し、計画を練り、熟考し、最後に一日の無事を祈る。このあいだ、一五〜三〇分かな。一日を実際に始める前にこれをするといい。誰にも邪魔されない静かな環境の中でね。

**今日一日が、自分にとって理想的な一日になると確信しなければいけない。一日を思い返している自分を心の中で想像するんだ。**

つまり就寝時、その日一日を評価している自分をね。その日に起こったすべてのできごとは自分が期待したのと比べて同じくらいうまくいったか、それともはるかにうまくいったか確かめるんだ。

たとえば、このインタビューはわたしが想像していたのよりうまくいっている。

# 「お金とは、すなわちエネルギーだよ」

君にはこれからもたくさんインタビューされたいね。君は実にエネルギッシュだし、前向きな意欲にあふれているからだ。それに学識もある。インタビューされる側はみな、君が相手のことをよく知っていることを喜び、その努力に対して敬意を表するだろうね。ところで知っての通り、『こころのチキンスープ』シリーズが出て以来、わたしは二五〇〇以上のインタビューに答えてきた。誰がインタビュアーであろうと質問に答えることができるのは、じつのところ、彼らがわたしの本を読んでくれているからなんだ。

――まったくその通りですね。それは、わたしがこの仕事で自慢できるものの一つでもあるんです。

君はきちんと予習しているね。

――ありがとうございます、マーク。残り時間が、あと一〇分となりました。あなたがストーリーを語るのがお好きなのは知っていますが、これからおたずねする質問に関してはできる限り短く、簡潔に答えていただけますか？

いいよ。どうぞ、質問をしてくれたまえ。

――あなたはセールストレーニングを多く指導していますね。それはあなたのお好きなことの一つなんですか？

わたしは売ることが大好きなんだよ。九歳のときからね。以来、今まで四一年間売り続けているよ。

――販売について一つか二つ、ポイントとなるちょっとした知恵を教えていただけますか？

**販売には二つの側面がある。一つには、予想し、提示し、説得し、クロージングするという側面。もう一つは、信頼に値する人間かどうか測られるという側面だよ。**

誰でも訪問先を記した長いリストが必要だが、これは融資を受けようとするときでも何でも同じことだ。お金を借りようとするなら、まずは必ず、融資を受けたくないと思っている銀行へ行って自分を試してみるといい。

小さめの銀行がいいね。びっくりすることに、そういった銀行は大手の銀行よりも丁重に応対してくれるだろう。これはつまり、あなたが信頼できる人間かどうか、測られているということなんだ。

誰かと電話で話したり、実際に会って話したりするとき、あなたは見込み客を手に入れたことになる。買ってくれれば、彼らは客になる。その客が再び買い、ほかの人にも口コミで勧めてくれれば、彼らは顧客になる。

あなたが欲しいのは生涯買い続けてくれる顧客だ。**生涯買い続けてくれる顧客とは、つまり友人だよ。**

わたしは誰かに『こころのチキンスープ』を一冊だけ買ってもらいたくはない。願わくは、シリーズすべてを買ってもらいたいんだ。

わたしが夢中になっている作家なら一〇〇人は名前を挙げられるよ。ナポレオン・ヒルについてはもう話したね。彼の著書はすべて読んだ。録音されたものも、付随的なものもね。

もし本当に興味を持っているなら、君がわたしに関心を示すように、その人物のことを知りたいと思うものじゃないかな。そしてどのくらいその人物の知識が深いのか見きわめようとするだろうね。

君がわたしだけに関心を持っているわけではないことは知っているよ。君の頭の中には、数百人の人々の情報が詰まっているだろう。**情報をインプットすればするほど、よりうまくアウトプットできるようになるだけでなく、よりよい選択もできるようになるんだ。**なにしろ、わたしはこれまで五万冊以上の本を読んできたんだからね。わたしを、これほどまで読書へと駆り立ててくれた人物は、高校のときの先生だよ。わたしは先生を講演旅行に誘ったことがあるんだ。先生は泣いていたよ。「わたしの指導がこんなに役に立つなんて」と言ってね。三〇年経った今、先生は自分の指導の成果を目の当たりにしたんだよ。残念ながら、教えることの問題は、生徒たちにそれがどのような結果をもたらしたかを、自分が退職するまで見ることができないということだ。たいていそうなんだよ。

---

では、『思考は現実化する』についておたずねします。この本から一つ、非常に価値のある手段、テクニック、あるいは心的な戦略を選ぶとしたら、それは何ですか？

ナポレオン・ヒルは死の床で、二つのことを言った。一つは、「**明確で大きな目標を持**

**ちなさい」**ということ。それは自分を越える大きな目標を持つという意味だよ。違いを生み出し、遺産を残せるようなレベルへと自分を引き上げてくれるような目標のことだ。

そしてもう一つは、**「ともに同じ目標を目指すチームを持ちなさい」**ということだ。彼はそれを**マスターマインド**と呼んでいた。どう呼んでもかまわないが、それを実践することが重要なんだ。

---

このインタビューを始めてもう四三分も経ってしまいました。にもかかわらず、あの巨大ベストセラー『こころのチキンスープ』についてまだ話していません。あれは実にファンタスティックな本です！　このタイトルはどのようにして思いついたんですか？

---

ナポレオン・ヒルに教えてもらったんだよ。

彼は自分の本に『頭で大金を稼ぐ方法（How to Make a Boodle with Your Noodle）』というタイトルをつけようとしたことがあったんだが、フィラデルフィアの出版社はこのタイトルを気に入ってくれなかった。

そこでナポレオン・ヒルは二二八通りくらいタイトルを考えたが、これはというものが一つもなかったんだ。

彼は瞑想し、自分の潜在意識をプログラミングした。そして四〇〇回こう唱え続けたんだ。「ベストセラーになりそうなタイトル、ベストセラーになりそうなタイトル」とね。

だからわたしたちもそれと同じことをしたんだよ。ただ言葉はちょっと違っていたが。「超ベストセラーになりそうなタイトル、超ベストセラーになりそうなタイトル」と四〇〇回唱え続けたんだよ。

朝の四時に、ジャックがこのタイトルを思いついた。そのときは鳥肌が立ったそうだ。彼はまず妻のジョージア博士に話してから、四時半にわたしのところに電話してきてこう言った。「これで決まりさ」ってね。わたしも鳥肌が立って、眠ることができなくなった。実にいいタイトルだと思ったよ。

そのあと、ニューヨークの三二の出版社からこう言われた。「ダメだね。短編集なんて誰も買わないよ」

――そのあとすぐに、ヘルス・コミュニケーションズ社があなたたちの企画を採用してくれたんですよね？

そうだよ。わたしたちは自分たちで売り込みをしたんだ。というのは、ニューヨークのエージェントにお払い箱にされたからね。わたしたちは彼のことが大好きなんだ。すばらしい人物だよ。だが彼はこう言った。「この本は絶対に売れない。なんたって、三三の出版社に断られたんだ。わたしは君たちのために十分時間を使ってやった。だから、もう出て行ってくれ」

でも、かえってよかったよ。わたしたちは、自分たちで本を売ることができたんだから。

---

すばらしいですね！

何もかもがうまく運ぶとはそういうことをいうんですね。あなたはまさにそれを実際に体験してみせたわけです。

では、三〇秒から一分でお話しいただきたいと思います。休暇をとることはあなたの人生において、きわめて興味深い意味を持ち、またとても重要な部分だということですが、休暇についてちょっと話していただけますか？

**時間には三つの種類がある**と、ダン・サリバンが教えている。

まずは**働く時間**。持てる時間の八〇パーセントはお金を稼ぐために使われるんだ。

二つめは**衝撃を緩和する時間**。これは混乱を片づけるために使われる。

そして三つめは、奇妙にもこれがもっとも重要なものなんだが**余暇の時間**なんだ。これは、電話が鳴ってもとってはいけないという意味ではないし、ビジネス書をいっさい読んではいけないということでもない。最低限、仕事のことを二四時間、真夜中から真夜中まで考えてはいけないということなんだ。

そしてときどきは、一週間の休みをとらなければいけない。**一週間休みをとれば、一年に一回ブレークスルーしたことになるし、二週間休みをとれば、二回ブレークスルーしたことになる。**


「今日一日が、自分にとって理想的な一日になると確信しなければいけない」

わたしは今、月に一度、一週間休むことにしているよ。わたしのパートナーもそうだ。だから、わたしたちはより多くブレークスルーしていることになる。

じつのところ、聖書が教えているように「六日働き、一日休む」のがいちばんいいんだよ。すばらしい考えだと思うね。だがそれは、わたしたちのようにビジネスのことを考えている人間には適さないんだ。たとえば、この頭の回転の速いマイクがそうだ。君のビジネスはストレスが高いかい？　それとも低いかい？

――高いほうでしょうね。

そうだろうね。じゃあ、もっと休みが必要だと思っているかい？　それとも、休みはもっと少なくてもいいと思っているかい？

――もっと休みが必要ですね。

では、休んでいるときは、完全にラジオの仕事から遠ざからなければならないね？

――そうですね。

ところで、ラジオ界の巨人といえば、ウォルター・クロンカイトだが、彼は二週間の休みをとることを習慣にしていた。そのあいだはラジオも、テレビも、本もなし。たった一人でセーリングに出かけ、すっかり冷静になって帰ってくるんだ。そしてあの今や伝説となったインタビューをしたんだよ。彼はジョン・F・ケネディが死ぬ前に話した最後の人物でもあるんだからね。ほかにも驚くべき逸話に事欠かない。

あれこそ魔法であり、奇跡だと思うね。クロンカイトはどうやってあの偉業を成し遂げたのか？　それは、定期的に休暇をとって、いつも気持ちを新たにしていたからなんだよ。

――一つ、おたずねしていいですか？　この質問は気がめいるようなものだとわかってはいますが、あえておたずねします。いずれ、人は死んでいきます。そのときが来たとき、あなたは人々に何と言ってもらいたいですか？

そうだね……。ちなみに、本の中でわたしはこう書いているよ。「**自分の望みを墓石**

**自分の死亡記事に刻むといい。どんなふうに人々に思い出してもらいたいだろうか？　自分の死亡記事を書いてみれば、正しく書けるだろう**」とね。わたしはこれをすべてやり終えたよ。わたしの墓石には、そうだね……その前に、遺体に関しては献体するつもりなんだ。残りは燃やしてもらう。遺灰の行き場所についてももう頼んである。そして墓石にはこう刻むつもりだ。「彼はおおいに貢献した、愛とともに」

ところで、この質問は憂鬱でも何でもないよ。実に明快な考えだと思うね。

ありがとうございます。

では、アーサー・フライとはどのような人物で、今日この放送を聴いているリスナーにとってどんな影響力を持っているのですか？

---

わたしは「ペーパービジネスで年一〇〇万ドル稼ぐ三八の方法」というセミナー全体を指導している。これはアイデア、つまり知的財産権に関するセミナーなんだ。ゲームでも、フランチャイズでも、本でも、テープでも、ビデオでも、とにかく何でもだ。

アーサー・フライは企業内起業家のキングだよ。

彼は自分が勤めるスリーM社の商品に、きれいにはがせる接着剤があることに目をつけた。彼はその価値を見抜いたが、スリーM社は気づいていなかった。それによってフライは、永久に売上の一パーセントをもらえる権利を得たんだ。アイデアを持っている人はみな、スリーM社のような大企業に売ればいいんだよ。スリーM社は八万八〇〇〇ものアイデアを買って、お金に換えている。ところで、フライがもっとも儲けたのは、小さな黄色い〝ポストイット〟だ。

スリーM社はそれで年間一億ドルの利益を上げているから、フライの郵便受けには一〇〇万ドルの小切手が送られてくるというわけだ。

フライにとっては、会社が〝ポストイット〟をどのように売ろうと、何色にしようと、どんな大きさにしようとどうでもいいことなんだ。

彼はほかにも二九の企業内起業のアイデアを持っているからね。

**起業家にとってリスクを冒すことは楽しみなんだろうが、それよりももっといいのは、企業内起業のアイデアを持つことだよ。**

わたし自身もたくさん持っているが、うまく機能してくれているよ。**企業がそのアイデアをかわりに商品化してくれるから、あとはただ毎月郵送されてくる小切手を受け取るだけでいいんだ。**

――では、あと一分三〇秒あります。今この放送を聴いているリスナーの中には〝貧しいものの考え方〟をしている人もいるかもしれません。そうした人たちはまだ〝そこ〟までたどり着いておらず、成功したいと望んでいます。

この番組が終わったあとすぐにでも実践できる、正しい方向へ進むためのシンプルなステップを一つ教えていただけませんか？

**非常に成功している人物で自分が共鳴できる誰かを見つけることだね。そしてこれから二年間、その人物から学ぶことだよ。**

**成功者から学ぶことなく大成功を収めた人はいないからね。**

――マーク、こんなすばらしい番組が実現するなんて夢のようです。こうしてお話しできてとても楽しいひとときでした。心から感謝します。

マーク・ビクター・ハンセン、どうもありがとうございました！

こちらこそ。また呼んでほしいね。マイク、ありがとう。

●マーク・ビクター・ハンセン

一億冊突破の超ベストセラー『こころのチキンスープ』シリーズ（ダイヤモンド社）の著者。セミナーや個別コーチングを通して、一〇〇万人のミリオネアをつくり出すことを目標としている。

ジャック・キャンフィールドとの共著には、『こころのチキンスープ』シリーズに加え、『目標達成のためのプラス思考』（高野昌子訳、ティビーエス・ブリタニカ）、『富を手にする10の戦略』（福岡佐智子訳、たちばな出版）などがある。

また、ロバート・アレンとの共著『ドリーム 小説篇――お金持ちになれる1分間の魔法』『ドリーム 実践篇――お金持ちになれる1分間の魔法』（楡井浩一訳、徳間書店）もある。

「最初にイメージすることなく、
人生で何かを手に入れることは
不可能なんだ」

# 第3章 ウォリー・〝フェイマス〟・エイモス

# 「最大の誤りは人の話を聞かないことだと思うよ」

今夜このスタジオに生出演である人物をお迎えしています。その人物はまさしくアメリカのビジネスの伝説といっていい方です。なぜかって？　この人物はある食品の会社を興しましたが、それはアメリカに住む人なら誰もが食べたことがある、もしくは聞いたことのあるものだからです。では、この方は誰でしょう？

その名前を口にする前に、まちがいなく、彼はあなたの度肝を抜くことでしょう。

彼は数百万の人々の心をがっちりつかんでいます。さて、わたしは誰の話をしているのでしょうか？

そう、ほかならぬ、かの有名な、ウォリー・エイモス氏です。

スタジオでは今夜、エイモス氏の人生や会社、そして真の成功の原則、どうすれば自分自身の人生と夢と目標を達成できるかについて、詳しくおたずねしていこうと思います。この番組を聴いたあとには、あなたも自分の目標と、献身と、焦点を見つけることができるでしょう。

では さっそく、偉大なるウォリー・エイモス氏にお話をうかがっていきましょう。お待たせしました。ウォリー・エイモス、〝マイク・リットマン・ショー〟へようこそ！

――何をしたらいいのかな。それに、何を話したらいいんだろう！　君はすごくエネルギッシュだね。わたしも興奮しているよ。

どうもありがとうございます！　ここにお迎えできて光栄です。では、あなたのストーリーの誕生から始めましょうか？　フェイマス・エイモス社とそのクッキーは、あなたを有名にしましたね。会社が誕生したいきさつについて話してください。

――フェイマス・エイモス社は一九七五年の三月一〇日、カリフォルニア州ハリウッドで誕生したんだ。それは、わたしが世界初のチョコチップクッキーだけを売る店をオープンさせた年でもあった。ハリウッドはまさにぴったりの場所に思えた。それに、わたしはハリウッドに住んでいて、街のことをよく知っていたしね。

ニューヨークではダメだったと思う。なぜなら、ニューヨークに住んでいなかったからだ。わたしはカリフォルニア州のハリウッドで、誰も食べたことのない最高の味のチョコチップクッキーを作ることを思いついた。そしてそのクッキーを人々に売るために、サンセット・ブルバード（大通り）に店をオープンさせたんだよ。

---

実にすばらしいですね。

最初にアイデアを思いつき、やがてそれを巨大企業に変えた。あなたはフェイマス・エイモス・クッキー社とともに夢を生きてこられたわけですね！　リスナーの中には、自分のアイデアを持っている人もいることでしょう。そのアイデアを現実のものにするためのステップや秘訣について教えていただけますか？

---

そうだね、まずは、**自分のアイデアに情熱を持つことだね**。わたしは五年間クッキーを作り続けたよ。一二歳のときからずっと食べているしね。チョコチップクッキーが大好きなんだ。つまり、自分のアイデアを愛していなければダメなんだよ。結婚したいと

思えるほどにね。ただ儲けたいというだけではダメだし、物質的な利益をもたらしてほしいと思うだけでもダメなんだ。というのは、そうした気持ちは遅かれ早かれ消え去っていくものだからだ。**アイデア自体を愛していなければ、維持し続けることはできないだろう。だから、情熱を持てるアイデアでなければいけない。**

アイデアを実現させるには、実行しなければならない基本的な事柄がいくつかある。

**何よりもまずは、行動を起こすことだよ！**

アイデアを持っている人は大勢いるが、彼らの多くはいつまで経ってもうろうろとリサーチばかりしている。というのは、自分のアイデアに保証がほしいからなんだ。実際に実行する前に、ほかのすべての人にそのアイデアを認めてほしいんだよ。だから、自分のアイデアに情熱を持たなければダメなんだ。そしてどこかで自分のアイデアを始動させなければならないんだよ。

ある夜、チョコチップクッキーを売るというアイデアを思いついたとき、わたしは友人と一緒だった。わたしたちはすぐに、店を開いてチョコチップクッキーを売ることに決めた。

では、次にどうすればいいか？　わたしはそれまで一度も小売店など開いたことがなかった。

それで翌日、オフィスに行ってこう言ったんだ。「厚生省に電話して、チョコチップクッキーを売る店を開くのに必要な書類は何か聞いてくれないか？」というのは、食品に関することは厚生省に関係があると知っていたからだ。

**だから、とにかく行動することだよ。アイデアの上にじっと座っているだけじゃダメなんだ。最初からでも、途中からでも、終わりからでもかまわない。とにかく、どこからでもいいからスタートすることだね。**

---

つまり、情熱を持って、行動を起こすということですね！　すばらしい。では何年にもわたって、あなたの身に起こったあることについておたずねしたいと思います。また、あなたにお話しいただくたくさんの成功の原則については、リスナーのみなさんが理解しやすいようにわたしのほうで適宜補足させてください。ところで、あなたはすばらしい本を書かれていますね。その本とは『名前のない男——レモンをレモネードに変える（The Man with No Name: Turn Lemons into Lemonade)』です。どうしてこのようなタイトルをつけたんですか？

『名前のない男』というタイトルにしたのは、わたし自身が名前のない男だからだよ！

フェイマス・エイモス社はわたしが会社を去ったあと、わたしの名前と肖像の所有権を主張して訴えを起こした。だからわたしは、新たに興す会社に自分の名前を使うことができなかったんだ。

事業をするには名前が必要だ。そうでなければ、どうやって消費者に自分の製品を買ってもらうことができるだろうか？

あるとき、わたしはラグーナの浜辺を歩いていた。そのとき、一人の人物と出会ったんだ。見ず知らずの人だったが、わたしは彼に自分の会社を失ったこと、そしてもう一つの不運について話した。

もう一つの不運とは、〝チップ・アンド・クッキー〟という、妻のクリスティンが考えた二人の小さなチョコチップクッキー人形をキャラクターにして始めた慈善活動のことだ。そのとき、わたしとクリスティンはその絵柄の入ったTシャツを着ていた。

彼は、まるでラジオのインタビューに答えるように、わたしが話すのを聞いてから、こう言った。「へえ、それはいいアイデアだね」

わたしは答えた。「たぶんね。でも、〝チップ・アンド・クッキー〟は休止状態なんだ。フェイマス・エイモス社に訴えられているものでね」

だがこう付け加えた。「別の会社を興す準備を進めているんだ。新しい会社の名前は、ノーネイモス（No Namos）にするつもりだよ。ノー・ネーム（no name）とわたしの名前、エイモス（Amos）を結び付ければ、エイモスという名への親しみも取り入れることができるし、いいアイデアだと思うんだけど」

だが彼はこう言った。「その名前じゃダメだね。それより、〝アンクル・ノーネーム（Uncle Noname）〟という名前のほうがいい。人々がその社名を見たら、たとえ君が〝e〟にアクセントを置いたとしても、きっとみんな、ノー・ネーム（no name）と読むと思うよ」

それが始まりだった。**事情を誰かに話すことでチャンスをつかんだんだ。**

これが事の次第だよ。

この経験でわたしが学んだ重要なレッスンは、**ほかの人々の意見を聞くことだ。**人々は、何をすべきか、どうすべきかについて、アドバイスをしてくれる。だからといって、必ずしも人の意見を取り入れ、人の言う通りに行動する必要はない。けれど、人の話にはつねに耳を傾けるべきだと思うよ。利用できるアドバイスもときにはあるからね。

――ところで、あなたが著書の中で書かれているように、フェイマス・エイモス社にも多くの障害や難局があったそうですね。リスナーの中には起業家の方もいること

――でしょう。その中には成功している人もいれば、まだそこまで到達していない人もいると思います。起業家が犯しやすい重要な誤りについて、いくつか教えていただけますか？

そうだね、**最大の誤りは人の話を聞かないことだと思うよ。**

何かのエキスパートになると、あらゆることのエキスパートになったような気になるものなんだ。

わたしは自分が作っているクッキーに関してはエキスパートだけれど、偉大なビジネスパーソンではない。だから、人の話を聞くことがとても重要だと考えているんだ。ほかの人々もすばらしいアイデアを持っているからね。たいていの起業家は限界というものを知らない。会社を始めれば、ほとんどの人はうまくいくはずがないと言うが、起業家は「まあ、見ていてくれよ。うまくやってみせるから」と答えるんだ。

成功できることを人々に証明したいという決意ばかりが先走って、多くの分野で限界があることを忘れてしまう。**だから、自分の限界を知る必要があるんだよ。そして自分がいちばん得意なことをすることだ。**

もう一つの大きな誤りについて話そう。**わたしが犯した大きな誤りは、優秀なチーム**

**を集めなかったことだ。**というのも起業したとき、会社を管理するのを手伝ってくれる賢明な人など、まわりに一人もいなかったからだ。だから、自分一人でやるしかなかったんだ。それに当時は、自分にはできないことをしているなんて気づきもしなかった。そして、間違ったことをやり続けていたんだよ。

――では、自分のまわりに優秀な人々を集めて、優秀なチームをつくりなさいということですね?

その通りだよ! これは起業家にとって実行するのがもっともむずかしいことなんだ。というのも、起業家は自分のすばらしいアイデアに情熱と熱意を持ち、それとともにひたすら突っ走っているからだよ。そんなときは、何も知りたくないんだ。起業家には強大なエゴが育つものだからね。

**そのエゴをコントロールする必要があるんだよ。人の話を聞かなければならない。そして、自分のまわりに優秀な人々から成るチームをつくるんだ。**これは、わたしがアンクル・ノーネーム社を立ち上げたときに最初にしたことだよ。わたしを補佐するチームをつくったんだ。

――アンクル・ノーネーム社では、どんな食品を製造しているんですか？

わたしたちが製造しているのはマフィンだけだよ。ノンファット（無脂肪）のマフィンを作っているんだ。

ノンファット・マフィンには、六種類の味がある。ブルーベリー、バナナ、アップル、チョコレート、ハニー・レーズン・ブラン、そしてコーン。あとノンシュガーのマフィンも作っているよ。これには、マルチグレイン、コーン、チョコレートの三種類の味がある。

ところで会社はチームで運営されていて、そこには社長、販売員、現場担当といった人々すべてが含まれる。したがって、わたしは単なるチームの一員にすぎないんだ。

「アイデア自体を愛していなければ、維持し続けることはできないだろう」

鎖の輪の一つにね。これこそわたしが望む立場なんだよ。〝チーム（ＴＥＡＭ）〟とは、**〝みんなで力を合わせれば、人数以上のことができる（Together Everyone Achieves More）〟ことだからね。まさにその通りなんだ。だから、優秀なチームを持つことが重要なんだよ。**

——すばらしいですね！

情熱、チームワーク、行動を起こすこと、今すぐ何かを始めること。これらの原則を応用すれば、必ずや自分の人生に調和をもたらし、それを変化させることができるでしょう。

話は変わりますが、実は、あなたが参加されている活動の中で興味をそそられるものがあるんです。あなたはナポレオン・ヒル財団に参加されていますね。

評議員会のメンバーをしているよ。

——ナポレオン・ヒルといえば、『思考は現実化する』の偉大な著者ですよね。

すばらしい本だよ。

――『思考は現実化する』とナポレオン・ヒルは、数世代の人生を永遠に変えてしまいました。ナポレオン・ヒルからあなたが学んだ、もっとも重要でパワフルなポイントは何ですか？

うーん……タフな質問だね。

**ナポレオン・ヒルが提案したものの中で、わたし自身の成功の核となっているポイントが一つある。それは〝プラスアルファの努力〟だよ。つまり、頼まれるよりも、期待されるよりも多くのことをすることだ。**

謝礼や、個人的利益のためにするのではない。すべての人の利益のためにするんだ。一緒に働いているチームの、会社のためにね。とにかく、要求される以上の、期待される以上のことをするんだ。

**プラスアルファの努力とは、ほんの少し多く、ほんの少し余分に与えることだよ。**疲れ果ててもう何もできないと思うときこそ、そうするといい。だから、こんなふうに言ってはいけない。「これはわたしの仕事じゃない」

もし誰かに何かをしてくれと頼まれたら、すること。あるいは、頼まれる前に、する。これこそ、プラスアルファの努力の真の意味なんだよ。

――『名前のない男』の中であなたは、個人的なミッション・ステートメントをつくることに触れていらっしゃいますね。誰もがこれを書くべきだと思われますか？

ああ、もちろんだとも。わたしはユニティというスピリチュアル・システムのメンバーなんだ。以前この団体の月間刊行物『ユニティ』を読んでいたときのことだ。その中で筆者が、人々はユニティに「どうしてあんなことをしないのか？　どうしてこんなことをしないのか？」と手紙を書き送ってくるという話を書いていた。それに対して筆者は「それは、わたしたちが自分たちのミッション・ステートメントに従っているからです」と答えていた。筆者はまた、**個人もミッション・ステートメントをつくってはどうかと提案していた。**

そのときわたしはハワイのホノルルに向かっている途中だった。一九八八年のことだよ。三万フィート上空でふと思ったんだ。「これはいい考えだ」とね。そして、自分のミッション・ステートメントを書いた。これまでに何度か手直しししているがね。

――では、変更してもかまわないんですね？

もちろんだよ。わたしが書き留めたのは、凝縮されたものだよ。わたしの個人的なミッション・ステートメントはただ一つ「人々が、自分自身をより心地よく感じる手助けをする」ことだ。

――実にいいですね！　シンプルで基本的だけれど、とても力強い。

そうだろう。というのは、自尊心というのはあらゆるものの根底にあるものだからだ。**自分自身を心地よく感じられれば、やる気がでるし、気持ちは高揚するし、心構えもよくなるんだよ。**出かけていって、自分の人生を前進させるのに必要なものを見つけようとするだろう。逆に、自分に対してよい感情が持てなければ、ぼんやりこんなことを考えるだけだろうね。「ああ、わたしにはこんなことなんてできっこない。彼らを見てみろよ。あの人たちはすごいな。あんなことをすべて実行している。なのに、わたしには一つだってできやしない」

――PMA（"Positive Mental Attitude"＝積極的な心構え）のことですね。

**そう、積極的な心構えだよ。だからわたしのミッションは、人々が自分自身をより心地よく感じる手助けをすることなんだ。**

---

あなたはプロモーションがお上手なことで知られていますね。ご自分の製品を実にみごとにプロモートしていらっしゃる。

この放送を聴いているリスナーの中には、起業家やビジネスパーソン、セールスパーソンといった人々がいます。その中には、自分でプロモートするのは恥ずかしいと感じている人や、どんなふうにプロモートしていいのかわからないという人もいます。自己プロモーションについて何らかの秘訣や戦略、鍵、またアドバイスはありますか？

---

そうだね、まずは、行動を起こすことだよ。自分のビジネスを自分がプロモートしなくて、いったい誰がするんだい？　自分と自分のビジネスに自信や信念が持てないのに、どうしてほかの誰かがあなたをプロモートするだろう？

だから、**自分こそが自分のビジネスの最高のプロモーターなんだよ。**そのビジネスをつくり出し、その裏も表もわかっているんだからね。さあ、出かけていって、自分のビジネスをプロモートするといい。資金調達者を探そう。コミュニティに入り込む方法を見つけよう。あなたの製品がどのようなものかは知らないが、無料で配ってみるのはどうだろう？ サンプルを配ったり、サービスや製品をなんとか利用したりすることでなじみを持ってもらうことができる。非営利団体と提携するのもいいだろう。

何年も前、わたしはリテラシー・ボランティアズ・オブ・アメリカ（Literacy Volunteers of America）という、文盲者に読み書きを教えるボランティア団体と知り合う機会があってね。今自分のコミュニティで、ここの人々と精力的に活動しているんだ。自分のコミュニティの非営利団体と緊密に協力し合えるようになれば、本当のコミュニティの一員になれるよ。その方法を探してみるといい。

---

すばらしいですね！

あなたは人生における視覚化のパワーについても述べられていますね。その概念について詳しく説明していただけますか？

視覚化も想像力も映像化も、すべて同じものだよ。わたしたちは自分が望むものを視覚化することのパワーを〝過小評価〟している。だが、人は毎日視覚化をしているんだよ。朝起きたとき、着替える前に何を着ようか考えるだろ。それが視覚化なんだ。**最初にイメージすることなく、人生で何かを手に入れることは不可能なんだ。**誰もがこんなふうに言う。「見れば信じるよ」

いや、いや、そうじゃないんだ。信じるから見えるんだよ。あるものをイメージできれば、あるいは視覚化できれば、見えるようになるんだ。なぜなら、**視覚化は自分の潜在意識にイメージを与えることだ**からだ。そしてその**潜在意識こそが結果を生み出し、物質的なものをあなたの人生にもたらしてくれる**んだよ。だから、心を静めて意識を集中する練習をするといい。

フェイマス・エイモス社を創業したとき、わたしはすべてを見たんだ。それはまるで、壁に貼られた小さな青写真を見ているような感じだった。自分が実行しなければならない行動の一つひとつが見えたんだ。**視覚化は計画立案にとって欠くことのできない要素なんだ。人生で望むものを計画するのにきわめて重要なものなんだよ。**

だから、想像力を、視覚化を、おおいに活用するといい。

**自分が、実際に何らかの行動を実行しているところを見ることだ。**

わたしは演説を始める前、自分がステージに立って話しているところが見えるんだ。本当に見えるんだよ！　実際に演説する前に、演説してみるんだ。実際の演説より、そっちのほうがいいときもあるよ。ともかく、計画を立てている最中に、あるいは何かを実行している最中に、そのプロセスを体験している自分を見ることは、とても重要なことなんだ。

では次に、あなたの本に書かれている、とてもパワフルな事柄についてお話をうかがいたいと思います。人はしばしば、自分の過去に自分の未来を傷つけさせてしまいます。家族のあいだであろうと何であろうと、過去の多くのできごとに人は傷つけられ、進歩を妨げられます。

## 「頼まれるよりも、期待されるよりも多くのことをすることだ」

こうした障害をやり過ごし、過去のネガティブな経験を断ち切って、ポジティブに未来へと向かっていくにはどうしたらいいのでしょうか？　秘訣を教えていただけますか？

——

そうだね、まずは、**過去や昨日というのは単なる言葉でしかない**ことを理解することだ。過去という場所はどこにもない。昨日という場所もね。それは実際に訪れることのできる場所ではないんだ。そこに行くことができるのは唯一、心の中だけなんだよ。

だから何かネガティブなことが起こって、それを忘れたかったら、自分の心から追い出すことだ。ポジティブなことや自分が望むことと置き換えるんだよ。そして、自分に利益をもたらす活動や、する価値のある活動、やって楽しい、夢中になれるような活動に専念するといい。なぜなら、**過去に何が起ころうと、自分が呼び戻す場合だけ、それは戻ってきてあなたを苦しめる**からだ。**自分の承認なくして、過去が人生に飛び込んでくることはないんだよ。**

——

過去にとどめておかなければならないんですね。

——

そうだ。自分で入れない限り、それは心の中に入ってくることはできない。

だから、過去をしまい込むんだ、鋼鉄のわなの中に。そしてこう視覚化するといい。その巨大な鋼鉄のドアがばたんと閉まって、過去を閉じ込めるのを。さあ、これでもう消え去ったよ。

**存在する唯一の時間は〝今〟だ。**明日も存在しない。真夜中の一二時を一秒過ぎるやいなや、それは今日だ。だからいつも今日なんだよ。**やりたいことがどんなことであっても、今日することができるんだ。**

やりたいことを今日しないのなら、決してすることはできないだろう。なぜなら存在するのは、今日という日だけだからだ。今この瞬間だけなんだよ。

**ポジティブなエネルギーのすべてを、自分の愛のすべてを、注意のすべてを注いで、自分が望むことを今この瞬間にすることができるんだ。そうすれば、人生はすばらしいものになるだろう。**

---

なんて力強い言葉でしょうか！

ぜひ教えていただきたいことがあるんです。あなたは〝「世の中」の法則〟についてよく言及されていますね。〝喜びと充足感〟についてです。「世の中」を利用するという概念について詳しく話していただけますか？　これはとても抽象的な概念

──ですが、あなたが呼ぶところの「世の中」の法則を利用するとは、どのようなことなのですか？

一つには、おそらくもっとも重要なことなんだろうが、**「世の中」はつねにイエスと言っている、**ということだ。「世の中」は友好的な場所なんだよ。「世の中」について語るとき、わたしたちは人生について語っているんだ。人生のあらゆる領域について。**人生とはポジティブな経験**なんだよ。たとえ自分がどう思おうとね。「世の中」はつねにこう言っている、「イエス」と。あなたが何と言おうと、「世の中」は「イエス」と言ってくれるんだ。支えてくれるんだよ。

自分の信念体系や考えを通じて人生に責任が持てるということは、ものすごいパワーなんだ。こんなふうに「世の中」を利用するんだ。自分が信じるものによって。前向きであることによって。首尾一貫してポジティブであることによって。前進することによって。何かを実行することによって。行動を起こすことによって。

**人生はネガティブなものではない。人生は自分で決めるものなんだ。**何が起ころうとも忘れてはいけないことは、あなたは〝プロジェクター（映写機）〟だということだ。映画を観ているときのように、映像がスクリーンに映し出される。目にしている映像を変えたければ、スクリーンのところに行ってそれをもぎとってもダメだ。

――まずは内面が重要だということですね？

その通りだよ。スクリーンに映像を映し出しているのはプロジェクターなんだ。つまり、**自分こそが人生のプロジェクターなんだよ。**自分の考えやアイデアや信念体系を通じて、スクリーンに投影されているんだ。だから、ポジティブであることが重要なんだ。

――では、与えることと受け取ることについて話していただけますか？　これも、講演や著書の中でよく触れていますね。

ようするに、**〝与えること〟は受け取ることなんだ。**人々は足りないことばかり考えている。わたしにはこれが十分にないとか、あれが十分にないというようにね。だが**「世の中」はつねに報いてくれるんだ。**あなたが与えれば、ほかの主義や人々に分け与え援助することは正しいと信じていれば、それは見返りとなって返ってくる。一〇倍になって返ってくるだろう。

これといって何もしない人々がよく口にするのはこんな言葉だ。

「そんなものはうまくいかない。そんなものは信じない」

一度だって試したこともないくせに、だ。そうした人々はこの原則を一度も利用したことがないんだ。鉛筆と紙を持って一足す一が二になるのを実際に見ない限り、一足す一が二であることを理解しないんだよ。

だが、**機能させようとすれば、それは機能するんだ。**この原則は誰でも利用できるものなんだよ。偏見も、差別もない。ただこの原則を利用すればいいだけの話なんだ。重要なのは、この原則を使うことなんだよ。この原則を応用するなら、それはあなたの人生で機能するだろう。「世の中」にも原則があるんだよ。物理学や数学に法則があるようにね。人生を真の人生に沿わせて生きられる方法があるんだよ。「世の中」に沿わせて、ね。こうした原則を応用し、人生で活用し始めれば、望む結果がきっと得られることだろう。まったく明白なことだよ!

**求めよ、さらば与えられん。**［訳注：ルカによる福音書、第六章第三八節］

**尋ねよ、さらば見出さん。**［訳注：マタイによる福音書、第七章第七節］

――では、ここでいくつか簡単におたずねしたいと思います。ウォリー・エイモス、あなたのお気に入りの引用は何ですか？

わたしのお気に入りの引用はこれだよ。**「恐れがドアを叩いた。信念がドアを開けると、そこには誰もいなかった。あなたが恐れるものは存在しない。みずからがつねにつくり出しているだけだ」**

**自分が抱いている恐怖心をよく調べてみることだ。恐怖心を克服して成長するんだよ！**

――力強いお言葉ですね。では、この質問はいかがでしょう。あなたのお気に入りの本はありますか？　わたしのリスナーに推薦していただけるものはありますか？

最近読んだばかりの本なんだが、**『モリー先生との火曜日』**（別宮貞徳訳、日本放送出版協会）という本を薦めるね。**ミッチ・アルボム**の書いたものだ。

これはすばらしい本だよ！　**これまで読んだ中でもっとも力強い本の一つだね。どう人生を生きるべきかが書かれているんだ。**

**人々はいつもビジネスや何かについて話している。だが、重要なのは人生なんだよ。**

**人生を切り離してはダメだ。一連の原則を確立するんだ。**一連のガイドラインを確立するんだ。人生のあらゆる領域で利用できる信念体系を確立することだよ。そしてそれを実際に試してみるんだ。「これはわたしの人生で機能するだろうか？　わたしのビジネスで機能するだろうか？　わたしの社会生活ではどうだろうか？」といった具合にね。あらゆる領域で機能する原則を身につける必要があるんだよ。

――あなたはいつもハッピーで、いつも前向きですね。ハッピーになれる秘訣を一つ教えていただけますか？　あなたのようにハッピーでいるにはどうすればいいのでしょう？

カズー［訳注：おもちゃの笛］を手に入れるといいよ！　そして毎朝目覚めたら、それをつかんで吹くんだよ！　あるいは、靴にスイカの絵を描くのもいいね。靴をはくたびに、そこに描かれたスイカを目にすれば、いい一日が過ごせるはずだ。ハッピーな足を持っているということだからね！

――それはいいですね！

——本当に楽しいひとときでした！　ウォリー・エイモス、〃マイク・リットマン・ショー〃にご出演いただき、ありがとうございました！

グッバイ・エブリバディ！

［注：アンクル・ノーネーム社は現在、〃アンクル・ウォリーズ〃と社名を変更している］

**●ウォリー・〃フェイマス〃・エイモス**
世界最大級のチョコチップクッキー会社創設者であり、チョコチップクッキーのキング。
著書に『スイカの魔法――知恵の種、人生の断面（Watermelon Magic: Seeds of Wisdom, Slices of Life）『名前のない男――レモンをレモネードに変える（The Man with No Name: Turn Lemons into Lemonade）』がある。ナポレオン・ヒル・ゴールドメダリストである。
ウェブサイト、www.unclewallys.com

# 「自分の人生に一〇〇パーセント責任を持つ」

## 第4章　ジャック・キャンフィールド

# 「わたしたちはリスクを冒さなければならない」

リスナーのみなさん、今夜は思いがけない大きな喜びを提供したいと思います。あなたはきっとこれを気に入ってくれることでしょう。今夜、ご登場いただくのは、あのベストセラー『こころのチキンスープ』の共著者です。ほかにも『目標達成のためのプラス思考』といった本も執筆されています。アメリカにおける、〝自尊心〟に関する分野の権威です。では、ご紹介しましょう。ジャック・キャンフィールド、〝マイク・リットマン・ショー〟へようこそ！

やあ、マイク。出演できてうれしいよ。

――ジャック、わたしはあなたの著書の大ファンです。今夜こうしてご出演いただけるなんて、夢のようです。

まずは、あなたの著書や教材についていろいろお話をうかがっていきたいと思います。『自尊心と最高のパフォーマンス（Self-Esteem and Peak Performance）』や『目標達成のためのプラス思考』『アラジン・ファクター（Aladdin Factor）』といったものについて。そのあと、『こころのチキンスープ』について触れたいと思います。

『自尊心と最高のパフォーマンス』は、すばらしい情報を持つ実に驚くべき講座ですね。

では、自尊心という概念について詳しく教えていただけますか？　どうしてそれは個人の成長にとってきわめて重要なのでしょうか？


---

わたしたちが発見したのは、**自尊心とはポーカー・チップのようなものだ**ということだよ。**ポーカー・チップをたくさん持っていれば、なくなったらどうしようと心配することなく、より積極的にゲームができる。**

では、かりにわたしがポーカー・チップを一〇〇枚、君が一〇枚持っていたとしよう。二人とも同じゲームに参加し、スキルのレベルも同じだとする。そのとき、君がチップを一〇枚賭けて負ければ、君はもうゲームには参加できない。だが、わたしがチップを一〇枚賭けて負けても、まだ九〇枚残っている。

**わたしたちが目指すのは、自尊心のレベルを高く持つことだ。そうすれば、進んでリスクを冒すことができるからだよ。**

たとえば販売についていえば、注文してほしいと顧客に頼むとき、わたしは進んでリスクを冒さなければならない。あるいは、品質管理サークルのミーティングに参加したなら、自分の見解を述べることで進んでリスクを冒さなければならない。もし出かけていってベンチャーキャピタル(投機資本)を頼む気になれなかったら、進んでそうしたリスクを冒す人ほど成功することはできないだろう。

ようするに、**自尊心は拒絶を乗り越えるための自信をくれるんだよ。**

――では、あなたは自分の自尊心をどのように高めているのですか?

それを説明するには八時間のセミナーに参加してもらう必要があるのだが、ここで二、三、ポイントを挙げてみよう。

**まずは、自分の人生に一〇〇パーセント責任を持つことだ。**

わたしたちはみな誰かに責任を押し付けながら大人になった。それが母親であろうと、父親であろうと、景気であろうと、共和党であろうと、民主党であろうと、とにかく相手は誰であってもかまわなかった。問題は、そうやって誰かのせいにしていると、しまいには自分の人生をコントロールできていない気分になることなんだ。

つまり、**自分の人生に責任を持てば、機能していない部分もコントロールできるようになっていくんだよ。**

わたしたちは〝**E+R=O**〟という公式を使っている。**〝できごと（Event）〟が起こって、それに〝反応（Response）〟し、そして〝結果（Outcome）〟を得る、**という意味だよ。

たとえば、君のリスナーの一人にわたしがこう言ったとしよう。「君はわたしがこれまで出会った中で最大の大バカ者だ」

そう言われたときの内面の反応はこのようなものに違いない。「なんだよ、会ったこともないくせに。どうしてそんなことをすぐに決めつけるんだ?」この場合、この人の自尊心は低くなる。

では、もしこう思ったならどうだろう?

「キャンフィールドはわたしのことを知ってさえいないじゃないか。わたしは本当にすばらしい人間なんだ」この場合、この人の自尊心は高いままだろう。

ここでわかるのは、他人からどう言われようと何をされようと、そんなのは重要ではないということだ。景気にどう影響されようと、上司にどんな態度をとられようと、自分の子どもたちに何をされようと、そんなことは問題ではない。**重要なのは、相手のやっていることに反応して自分が何をするかで結果が出る、ということなんだ。**

じゃあ、ビジネスでの例を取り上げてみよう。

しばらく前の不況のとき、トヨタの高級車レクサスのディーラーをしていた友人の身に起こった話だ。基本的に、彼はこう信じている人間だった。うまくいかないのは景気のせいじゃない、それに対する自分の反応だとね。

彼は、人と何か違うことをしなければダメだと心に決めた。同じ不況に同じように反応し続けていたら、廃業に追い込まれてしまう。自分のディーラーショップに客が来なくなってしまうだろう。

そこで彼がやったことは、こう自分に問いかけてみることだった。「わたしの車を買えるような人々はどこにいるだろうか?」

思いついた答えは、「ポロの競技場やカントリークラブ、ヨットハーバー」。

彼はセールスパーソンを五人雇い、彼らに車を貸して、地元のカントリークラブでこう言わせた。「誰かLS四〇〇に試乗したい方はいらっしゃいませんか？」

すると誰もが言った。「いいね。ちょっと運転してみたいな」

そこでセールスパーソンは言う。「一週間お貸ししますがいかがですか？　そのあと店のほうに戻していただければ、こちらはかまいません。あなたの運転免許証のコピーをとらせていただくので、あなたを見失う心配もありませんし」

一週間後、約束の期限が過ぎると客たちは店に車を戻しにきた。そのほとんどがなんて言ったと思う？

「返したくないな。もう運転できないなんて残念だよ。この新しい車が気に入ってるんだ」

誰もが経験していることだと思う。つまり、古い車を降りて、ディーラーショップで新しい車に乗り込み、試乗し、そのあと自分の古い車に戻ったときの気持ちをね。

突然、自分の古い車がよく思えなくなるものだ。もっといい車とはどんなものかを実際に見てしまったあとでは。

このように、このカーディーラーは何か人と違うことをしなければならなかったんだ。犠牲者にならないためにね。

その結果、彼は不況のさなかにもかかわらず、店でじっと客が来るのを待っていたときよりも多くの車を売ることができたんだよ。

――では、リスクについてもう少し話しましょう。というのは、成長し前進するのに重要なことは、自分自身を危険にさらすことだと思うからです。

あなたも、このことが前進するための重要な鍵だと思われますか？

ああ、もちろんだとも。**わたしたちはリスクを冒さなければならない。**何か違ったことをするときはいつでも、次の三つの領域でリスクを負うことになる。

**一つめは、自分の行動にリスクを負うこと。**これはわたしたちが言ったりやったりすることを変える場合だ。

**二つめは、自分の考えにリスクを負うこと。**これは新しい考え方を取り入れる場合だ。

**三つめは、自分の想像力にリスクを負うこと。**これは新しいイメージを描く場合だ。今までと違ったことをするときはいつでも、これまでに経験したことのない結果を得るというリスクを負うことになる。つまり、いやな思いをするというリスクを負わなければならないんだよ。

**ほとんどの人が行き詰まり、成功できないのは、進んでいやな思いをしようとしない**

**からなんだ。**

新しいふるまいをするのはたしかに居心地の悪いものだ。家に帰るのにいつもと違う道を通ってみるようなものだ。それは、何が起こるかわからないからなんだ。

だがわかっていることは、**いつもしていることをし続けていれば、いつも得ているものしか手に入らない**ということなんだよ。

現在、自分が得ているものが気に入らなければ、自分の行動を変えなければならないんだ。

---

ではたとえば、自分の快適ゾーンから抜け出そうとしている人がいるとします。けれど周囲の人々は彼をからかい、非難し、あざけります。

そんな不快な状況の中で、どうしたら外的なプレッシャーをはねのけ、前に進むことに意識を集中できるでしょうか?

---

そうだね、できることは二つあるよ。

一つは、ある重要なことを念頭に、**こう自分に問いかけてみることだ。「この人たちはわたしが本当に付き合いたいと思う人々だろうか? わたしが成功への次のレベルに**

**上がるのを応援してくれるだろうか？」とね。**

**重要なこととはつまり、マスターマインド・グループ、ポジティブなサポートグループのことだよ。**ロバート・シュラーは「できると考える人々」と言っている。つまり、どんなことも実現可能だと考える人々のことだ。

それにはまず、どんな人々や影響力を自分のまわりに置きたいかを決めなければならない。自分のまわりに置く影響力には三つの種類がある。

**一つめは、付き合う人々から受ける影響だ。**職場におけるようにね。ようするに、自分がじかに話す人々のことだよ。

**二つめは、本や、テレビ番組、ラジオ番組、新聞、雑誌などから受ける影響だ。**

**三つめは、受講するセミナーから受ける影響だ。**

だから基本的には、ポジティブで精神が高揚するようなエネルギーで自分自身を取り囲み、それを吸収するようにすべきだね。ようするに、君がこの番組にもたらしているようなエネルギーのことだよ。また、最新のセルフヘルプに関する本を読んだり、自分に合ったセミナーに参加したりするのもいいね。

だから、君の質問への**一つめの答えは、付き合いたい人々や自分のまわりに置きたいものを決めることで、ネガティブなプレッシャーの一部を排除することだ。**

**二つめは、夜一人でいるときと朝目覚めた直後に、心の中でリハーサルをしてみることだ。**自分が実現したいことを心の中で繰り返すんだよ。そのとき、人々がどんな反応を示すだろうなどと心配してはいけない。そうではなく、自分がどう動くべきかに意識を集中するんだ。実際にそんな集中した状態になれば、周囲のことはほとんど目に入らなくなる。

たとえば、優秀なフットボール選手がそうだ。その選手にはスタンドにいる八万の観衆の声が耳に入らない。彼は心の中で何度も繰り返し、フィールドで五〇回練習したプレーをするためにそこにいるんだ。プレーにだけ集中するんだよ。

――「ゾーンに入る」ということですね。

## 「自尊心は拒絶を乗り越えるための自信をくれるんだよ」

そう、「ゾーンに入る」ということだよ。その通りだ！

---

では、あなたの講座『自尊心と最高のパフォーマンス』の中で触れているいくつかの概念について話していただけますか？

あなたは、〝「世の中」は行動に報いる〟という概念について述べていますね。この概念について、詳しく説明してもらえますか？

---

**基本的に、自分から要求しない限りは何も起こらない。**

わたしは自分のセミナーでこんなデモンストレーションをするんだ。一〇〇ドル紙幣を掲げて、こう聞くんだよ。「この一〇〇ドル紙幣が手に入るなら、欲しいと思う人は？」

部屋の中のすべての手が挙がる。

それを持ったまま、わたしは再び聞く。「誰かこれが本当に欲しい人はいないかな？」

およそ一、二分後、誰かが席から立ち上がり、わたしが手渡してくれることを期待して前にやってくる。だが、わたしはそんなことはしない。

ついにその受講者は飛び上がって、一〇〇ドル紙幣をわたしの手から奪い取る。

そのあとわたしは受講者に向かってこうたずねるんだ。「今、彼がしたことは、ほかのみんなと何が違っていただろうか?」

答えは、「彼は椅子から立ち上がって行動を起こした」だ。

多くの人が**アファーメーション**や**目標設定**、**視覚化**について学んでいる。それはどれも、とても重要でパワフルなものではある。

だが、**どんなによいゲームプランでも、行動が伴わなければ、それは機能しないんだ。**

その一方で、たとえまずいゲームプランでも、行動を起こすなら、はるかに前進することができるだろう。もちろん、その結果起こることやフィードバックを喜んで受け止めることができればの話だがね。けれど、もしそれができるなら、たとえまずいゲームプランであっても、はるかに前進することができるんだよ。行動を伴わない、よくできたゲームプランよりもね。

わたしたちはいつもこう言っているんだ。**「世の中」は考えにではなく、行動に報いる、とね。**

とにかく、何か行動を起こすことだ。とかく人は考えすぎだし、準備のしすぎなんだよ。


——とても興味深いですね。

——あなたは〝わたしは十分だ〟という概念についても述べていますが、これについて詳しく説明していただけますか？

まず、多くの人にとって成功を妨げる最大の原因は、自分には何かが十分にないと思っていることなんだ。

十分に頭がよくない。十分に年をとっていない。十分なコネがない。十分にりっぱな服装をしていない。十分な資本金がない、といった具合にね。

そんなふうに思っている限り、必要な行動を起こすことなど決してできない。なぜなら、行動を起こすにはまだ何かが十分にないと感じているからだ。

〝十分〟だと思えるようになるには、行動を起こし、経験から学ぶ必要があるんだよ。

わたしのメンターの一人、ジム・ローンは言っている。**「目標を設定するには、それを達成する過程でその地位にふさわしい人間になれるような、十分に高い目標を設定すべきだ」**

**億万長者になることが重要なわけじゃない。**わたし自身、何度も経験していることだが、たしかに家や車といった物質的な富を手に入れるのはすばらしいことだよ。だがそれ以上に**重要なのは、億万長者になるために〝自分がどんな人間になったか〟というこ**

**となんだ。**

わたしは自分の恐怖心を克服することを学ばなければならなかった。大勢の人の前で話すことを学ばなければならなかった。スピーチを組み立てることも、最初は恐かった。借金の頼み方も、学ばなければならなかったんだよ。ほかにもいろいろある。

どれも恐かったが、一度経験して乗り越えてしまえば、もうそれからは恐いと感じることはなくなったよ。

**今、家もお金も車もすべて奪われたとしても、どうということはない。そういったものをつくり出す方法を知っているからね。**

**なぜなら、わたしはそういう人間になったのであって、所有するもので今の自分になったわけではないからだよ。**

---

実に説得力のあるお話ですね。

マーク・ビクター・ハンセン氏と書かれたベストセラー、『アラジン・ファクター』はすばらしい本ですね。〝アラジン・ファクター〟とはどのようなものなのでしょうか？

これは、マークとわたしがセミナーを行っているうちに発見したものなんだ。わたしたちはよく自己啓発セミナーを指導しているんだが、受講者はメモをしっかりとるだけで、出かけていって何か行動を起こそうとはしない。

そこでわたしたちは何かが欠けていることに気がついたんだ。人々に欠けていた最大のものは、ほかの人に助けや援助やサポート、そして自分の夢を実現するのに必要な資金を求めようとしないことだった。

ここでちょっと、アラジンの話を思い出してほしい。

アラジンは、ただランプの精に自分の願いを叶えてくれるように頼むだけでよかった。そうすれば、ランプの精がすぐにその願いを具現化してくれたからね。

わたしたちは気づいたんだよ。人々に欠けているのはこの要素、つまり、頼むということだとね。

それが〝アラジン・ファクター〟だったんだ。

そこでこの本の中で、人々が頼むことを恐れる理由を簡潔に五つにまとめてみた。

そしてさまざまな場面での頼み方、つまり、職場や家庭での頼み方、妻や子どもへの頼み方といったことについて述べたんだ。**頼み方をマスターすれば、自分が望むものを手に入れることができるんだよ。**

一つ例を挙げてみよう。「子どもたちに食事を与えよう」というプログラムをおこなっている男性がいる。これは、世界中の子どもたちに食べ物を与えることを趣旨とする組織なんだよ。

北朝鮮の問題が起こっていたとき、彼はそこで五万人の子どもたちが餓死しかかっていることを知った。

だが、北朝鮮まで食料を輸送してくれる航空会社はどこにもなかった。危険だという理由でね。

そんなとき、彼は『アラジン・ファクター』を読み、まだすべての航空会社に頼んでいないことに気がついた。

そこで、彼は貨物輸送航空会社から旅客航空会社まで、とにかくあらゆる航空会社にかたっぱしから頼み始めた。そして三九番目の航空会社に頼んだとき、「いいですよ。そこに貨物を運びましょう」と言ってもらえたんだ。

そのおかげで、この団体は一〇〇万ドル以上の食料と物資を北朝鮮に運び、五万人の子どもたちの命を救うことができたんだよ。

つまり、これはデートしてくれと頼むのとはわけが違うんだ。あらゆるレベルにおいていかにして頼み、自分の望むものを手に入れるかという話なんだよ。

聖書の一節「求めよ、さらば与えられん」に通じる、実に説得力のあるお話ですね。

では、もう少し『アラジン・ファクター』についてお話をうかがいたいと思います。

なぜ人々が行動を起こさないかについては、五つほど理由があるということでしたね。では、人々が頼まない主な理由について話していただけますか？

---

**人々が頼まない第一の理由は、無知だよ。**

どう頼んでいいかわからないんだ。頼み方を習ったこともないし、誰に頼めばいいのかもわからない。ようするに、これが主だった理由の一つだよ。

**第二の理由は、制限された不正確な考えを持っていることだ。**

「まだ十分ではない」とか、「愛しているなら、頼まなくてもわかってくれるはずだ」とか、「世間は冷たい。誰もわたしの要求など気にかけはしない」とか、「望むものを手に入れたら、かえって不幸になるに違いない」といった考えのことだよ

まるでわが子のように大事に抱え込んでいるこうした考えを、よく調べてみることだね。

**第三の理由は、拒絶されることへの恐れだ。**

人は惨めに見られることをとても恐れる。これを説明するには、セールスパーソンの例が最適だろう。

一人のセールスパーソンがある会社の社長に面会を求めた。

だが秘書の女性はこう言った。「社長に会うのは無理です」

そこでセールスパーソンはたずねた。「押しかけていったらどうなりますか?」

秘書は答えた。「たぶん、社長はあなたを放り出すでしょうね」

そのとき、セールスパーソンはこう思った。「それがどうだっていうんだ。自分は今廊下にいる。中に入っていって放り出されても、また廊下に戻るだけの話だ。もうすでに廊下にいるんだから、今より悪くなるわけじゃない」

---

「頼み方をマスターすれば、
自分が望むものを手に入れることができるんだよ」

そして彼は入っていって言った。「社長、一分間だけお時間をください」

社長は彼をオフィスから放り出さなかった。

たとえそうしたとしても、それがなんだろう。セールスパーソンは最初からすでに廊下にいたんだからね。

ようするに、わたしたちは自分がまぬけに見えることが恐いんだ。恥をかくのが恐いんだ。自分が何をしているのかわかっていないように見えるのが恐いんだ。無知に見えるのが恐いんだよ。こんなふうに、**恐怖心はわたしたちを押しとどめてしまう。**

**第四の理由は、自尊心が低いことだよ。**

わたしたちの多くは、自分には自分の要求が満たされる価値がないと感じている。それは子どもの頃、両親から学んだ考えが原因になっている場合もある。「こんなふうに両親から教えられた」といった具合にね。

**自分が価値ある人間だと思えるようになれば、自分が頼む価値のある人間だと感じるようになるだろう。**

**最後の理由は、道をたずねようとしない老人さ。すなわち、プライドだ。**

**この老人はすでに道を知っていると思い込もうとしている。知らないとか、何かを必要としているように見られるのがいやなんだよ。**

わたしは以前、大手航空会社で働いていたことがある。その会社でわたしがコンサルティングしていた社員の平均年収は七万ドルだった。

わたしは彼らにこうたずねたことがある。「当然知っていなければならない情報を見つけることができなかったとき、廊下の向こうの同僚がそれを持っていることを知っていたなら、あなたたちの何人がすぐさま廊下を渡っていって、教えてくれと頼めるかな?」

ほとんどの人が「わざわざ聞きにいかなくても、少なくとも一五分あればその情報を見つけることができる」と答えたよ。まぬけに見られたくないからね。

だがその一五分が、当人や会社に二〇〇ドルに相当する時間を失わせることになるんだよ。ただ、まぬけに見られたくないばかりにね。

---

先ほど、「世の中」がどのようにして行動に報酬をくれるかという話をされましたね。

〝「世の中」の法則〟という概念のことです。たとえば、「求めよ、さらば与えられん」といった言葉に通じるものです。

この実に抽象的な概念がどのように機能するかについて、少しお話しいただけますか?

ようするに、**自分がアウトプットしたものはどんなものでも戻ってくる**ということだよ。

ディーパック・チョプラがうまく説明しているよ。

彼によれば、**意識には、特別な領域が存在して、わたしたちはそこに瞑想したり意識を集中したりすることで入っていける**という。

そこではわたしたちはみな一つで、一人きりではない。一体化しているんだ。ようするに、そのような意識の状態にあるとき、わたしたちは大いなる意思に委ねられているということなんだ。

彼はこうも言っているよ。「わたしは今を生きる大勢の人々に、最高に役立ちたい」わたしの目標はこうだね。「できる限り多くの人々が、愛と喜びに最高に満ちあふれたビジョンを生きる、手助けをしたい」

今日こうして君の番組に出演しているのも、人々がそれを実現する手助けをするためなんだよ。

本を書いたり、テープを作ったりするのもすべてそうだ。

『こころのチキンスープ』を出したとき、わたしたちはニューヨークタイムズのベストセラーリストのナンバーワンになりたかった。

誰もがそんなことは不可能だと言った。本を出した出版社も信じなかった。ニューヨークタイムズの人々も信じなかった。

わたしたちのしたことはこうだ。「世の中」に「この望みを叶える手助けをしてください」と頼んだんだよ。その目標をあたかも実現したかのように視覚化することでね。そして、**ニューヨークタイムズのベストセラーリストのトップに自分たちの名前が載っているところを視覚化し始めたんだ。**

一日五分間、そのことを瞑想した。

**実際にニューヨークタイムズのリストを切り取って、第一位の本を修正液で消し、そこに『こころのチキンスープ』とタイプしたんだ。**

**それを毎日続けているうちに、わたしたちの潜在意識が解決策を思いつき始めた。**つまり本が売れる方法を、だ。書店にだけ置いていたのではダメなんだ。そこには、アメリカ人のたった七パーセントしか足を運ばないんだから。けれどほかにも、総菜屋やスーパーマーケット、食料品店、ミシガン州にはシェル・ミニマートのような場所だってあるんだ。

最大の売り場の一つは、ネイルサロンやヘアサロンだった。というのは、女性たちはそこに何時間も座って爪の手入れをしてもらったり、順番が来るのを待ったり、ヘアドライヤーの下に座っていたりするからなんだ。

わたしたちの本は、ネイルサロンやヘアサロンを通じて飛ぶように売れ始めた。

こうして、ついにニューヨークタイムズのベストセラーリストの第一位を獲得し、わたしたちの本は一年以上にわたってトップの座を守り続けたんだよ。

これは、ただ誰かに「お金をくれませんか？」と言って頼む以上のことなんだ。

これ以外にも独創的な方法があるんだよ。自分の潜在意識に頼むとか、神に頼むとか、「世の中」に頼むとか、あるいはほかの人に頼むとかね。


---

今、〝潜在意識〟という言葉が出ましたね。これはおそらく、「世の中」でもっともパワフルな力ではないでしょうか。

潜在意識の力をうまく利用する方法について、秘訣を一つか二つリスナーのみなさんに教えていただけますか？


**潜在意識を活用するには、二つの方法がある。**

**一つには、潜在意識から情報を引き出すこと。**

**もう一つは、潜在意識に手に入れたい情報をプログラミングすることだよ。**

では、一つめから説明していこう。

かりに明日、君と仕事の打ち合わせをするとしよう。わたしは君から何かの契約をとりたいと思っているとする。

わたしがするべきことは、その打ち合わせの前の晩、寝る前に静かな場所で静かに座ることだ。そして面識があれば君のイメージを思い浮かべ、もしなければ名前を思い浮かべる。次に君の名前あるいはイメージに意識を集中し、自分の潜在意識に君の恐れやニーズや要求といったものを認識させる。

そうすれば、君のことがとてもよく理解できるようになる。潜在意識の中で君にインタビューさえできるほどなんだよ。

というのは、**わたしたちは、みな潜在意識のレベルでつながっているから**だよ。だから、**わたしの一部は君が恐れるものや望むものを知っているんだ。人は誰しも、多かれ少なかれ超能力者なんだよ。**

ほとんどの人はその分野に関して訓練されていないが、その必要はないんだ。ただ質問をすればいいだけの話だからね。

だから、明日ミーティングに参加するときには、わたしはすでに君の恐れやニーズや要求に対応できるようになっているんだ。自分の潜在意識を通じて、すでに知っているわけだから。

二つめの方法に関していえば、**潜在意識はある意味、愚かな使用人のようなものだと**いうことだ。

命じたことなら何でもするが、命令はとても具体的なものでなければならない。

たとえば自分の潜在意識、つまり自分の心にこんなふうに言えばいい。

「あなたにしてもらいたいのは、出版社ともめている問題について三つ解決策を思いつくことだ」

寝る前にもできるし、シャワーを浴びているときでも、とにかくどこででもできるんだ。ただこんなふうに命じればいいんだよ。

「午後五時までに、あるいは午後八時までに、あるいはわたしがほしいと思うときにはいつでも、三つの解決策を思いつかせてほしい」

そうすれば本当に、翌日の午後五時までに三つの解決策を思いついているんだよ。

また、**視覚化によって潜在意識にプログラミングすることもできる。人生のあらゆる分野にわたる願望を視覚化することでね。**

体重を何キロくらいにしたいか？　収入がどのくらいほしいか？　どんな車がほしいか？

**毎日数分、そうした願望をすでに達成したかのように視覚化してみるといい。**

これを実践してみたなら、驚くべき効果が得られると思うよ。

これによって収入を三倍にし、休暇を二倍にし、体重を減らした人の話なら、枚挙に暇がない。そのどれもが、そんなことは不可能だと誰もが思っていたことなんだよ。


---

本当にすばらしいですね！

けれど残念ながら、残り時間があとわずかしかありません。

二つ短いトピックを挙げますから、それぞれにつき三〇秒でお答えください。

まず、リスナーにお薦めの本をいくつか教えていただけますか？


---

「人は誰しも、多かれ少なかれ超能力者なんだよ」

そうだね、わたしはトム・ピーターズの本が大好きなんだ。事業をしているなら、『経営革命（上下）』（平野勇夫訳、ティビーエス・ブリタニカ）がお薦めだね。これは実にすばらしい本だ。

『目標達成のためのプラス思考』も、手前味噌ではあるけれど、人々の人生に真の変化をもたらしてくれると思うね。

もちろん『こころのチキンスープ』シリーズもお薦めだよ。

ジム・ローン、デニス・ウェイトリーの本にもいいのがあるね。

それに、君の番組に出演したゲストの何人かの本も。

君は五〜一〇冊の本を書いている人々を、毎週リスナーに紹介しているね。

ジム・ローンは言ってるよ。「一週間に一冊本を読めば、一年では五二冊の本を読むことになる。一〇年では、五二〇冊だ。その頃には、あなたは自分の分野で上位一パーセントの地位にいることだろう。よりやる気にあふれ、より教養を身につけ、自分の分野でリーダーになっていることだろう」とね。

もっと金持ちになりたければ、自分自身を教育しなければダメなんだよ。

――あと二分あります、ジャック。

――一五～二〇秒で、マスターマインドについて一つか二つ秘訣を教えていただけますか？

**マスターマインドは金持ちのとっておきの秘密の一つだと思うね。基本的には、自分の少なくとも二倍の収入を得ている人を五～六人集めてチームをつくるといいだろう。**

わたしのパートナーであるマークが、アンソニー・ロビンズと会ったときのことだ。マークはこうたずねた。「君は年に五〇〇〇万ドル稼いでいるね。わたしは五〇〇万ドルだ。この違いは何だろう？」

アンソニーは言った。「マーク、君はマスターマインド・グループを持っているかい？」そしてこう続けた。「君のマスターマインド・グループの中で、もっとも収入の多い人の年収はいくらだい？」

マークは答えた。「さあ、五～六〇〇万ドルじゃないかな」

するとアンソニーは言った。「わたしのマスターマインド・グループのメンバーは全員、年に一億ドルか、それ以上稼いでいるよ」

彼が付き合っているのは、そんな人々なんだ。彼らはほとんどの人たちよりも、はるかに多くの桁のお金のことをつねに考えているんだよ。

――ジャック、あなたは大企業のために講演をして、多くの報酬をもらっていますね。もっともパワフルな演説戦略をリスナーに教えていただけますか?

自分のテーマを愛し、なおかつ聴衆も愛することだよ。**テーマを愛し、それに関して多くの時間学び、情熱を持って饒舌に語れば、人々は興奮するものなんだ。**聴衆の心に火がつき、講演者のアイデアやその活用方法について知りたがるようになるんだよ。

――一つ質問させてください。レオ・バスカリアはわたしに強烈な影響を与えた人物ですが、数年前に亡くなりました。存命中、彼から学んだ考えなどはありますか?

レオはわたしに、「**どんなときでも、つねに愛することができる**」と教えてくれたよ。

つねに愛に立ち返ること、それはわたしがいつも拠り所にしていることなんだ。

**わたしは決して誰とも敵対しようとは思わない。**

**つねに双方が得をする方法を考え出すことにしているんだ。持てる知識と認識と意識を総動員すれば、誰でも可能な限り最善を尽くせると知っているからね。**

すごいですね！

実にすばらしいお話でした、ジャック。

――

〝マイク・リットマン・ショー〟にお越しいただき、本当にありがとうございました！

**●ジャック・キャンフィールド**

マーク・ビクター・ハンセンと共に一億冊突破の超ベストセラー『こころのチキンスープ』シリーズを生み出した、アメリカにおける自尊心に関する分野の権威。『こころのチキンスープ』シリーズに加え、マーク・ビクター・ハンセンとの共著には、『目標達成のためのプラス思考』、『富を手にする10の戦略』。ほかにも、『絶対に成功を呼ぶ25の法則』（植山周一郎、小学館）などがある。

「夢と欲望と目標と情熱があれば、あなたも億万長者になれる」

# 第5章　ロバート・アレン

# 「眠っているあいだにお金を稼げなければ、決して金持ちにはなれない」

過去二〇年間、いかにして経済的自由を、より大きな経済的未来を手に入れるかについて、世界中の人々を教育し続けている人物がいます。

一九八〇年代、彼は二冊のニューヨークタイムズベストセラーをひっさげて不動産業界に一大変革を巻き起こしました。その二冊の著書とは、『ナッシング・ダウン(Nothing Down)』と『富を生み出す(Creating Wealth)』です。

二〇〇〇年代の今、彼は新たに執筆した著書で人々にさらなる教育を施しています。その一つが『ロバート・アレンの実践! 億万長者入門――生涯続く無限の富を得る方法』です。今夜はインターネットについて書かれた『実践的オンラインマネー獲得法――あなたのサイトにジャンジャンお金が流れ込む!』について詳しくうかがっていきたいと思います。

彼は二四時間で、九万四〇〇〇ドルを越える利益を上げた経験を持っています。どうしてそんなことができたのでしょうか？　今夜のテーマはインターネット、そしてアメリカでもっとも有名な億万長者メーカーについてです。

ロバート・アレン、〝マイク・リットマン・ショー〟へようこそ！

マイク、ここに来て、アメリカ中の大勢の人々に話を聞いてもらえるなんて、すばらしいね。今日、君の番組に出演するのを楽しみにしていたんだ。

そう言っていただけると、とてもうれしいです。わたしはあなたの著書の大ファンなんです。今夜は、それらに関して踏み込んだ話をおうかがいしたいと思います。まず番組の前半でお話しいただきたいのは、経済的な成功に必要な心構えの築き方についてです。そのあと、『実践的オンラインマネー獲得法』について詳細に分析していきたいと思います。よろしいですか？

もちろんだとも！

――それはよかった。では、あなたの著書が扱うテーマについて話していただけますか？　複数の収入の流れを持つことについてです。まず一つ質問させてください。今日のビジネスの世界で複数の収入の流れが、なぜ重要なんですか？

まず、現在自分が置かれている経済状況に目を向けてみてほしい。五年前から四～五つの余分な収入源を準備していなければ、現在はおそらく一つの収入源にしがみついて、それが途切れて影響を被ることがないよう願っているはずだ。いつも思っていることだが、**経済的安定のためには、多くの異なる源から複数の収入源を持つ必要があるんだよ。単なる通常の収入じゃない。それはわたしが呼ぶところの、〝一生型収入〟でなければならないんだ。つまり、眠っているあいだにお金を稼ぐことだよ。眠っているあいだにお金を稼げなければ、決して金持ちにはなれない。**給料のために働いているなら、働いた時間に対し一度きりしか給料はもらえない。

わたしは働いた時間の何倍ものお金を、複数の源から、人生の複数の分野でもらうのが好きなんだ。そうやって人生を向上させてきたんだよ。ニューヨークタイムズのベストセラーになった『ロバート・アレンの実践！　億万長者入門』の中で、わたしは誰でも持つことのできる一〇通りの収入源についておおまかにまとめた。

『実践的オンラインマネー獲得法』は、ふつうの人々がオンラインで大金を稼ぐ方法について述べた本だ。
それには天才である必要はない。最初に多くの資金が必要なわけでもない。いくつかの秘訣を知ればいいだけの話なんだ。今夜はそれを明かしていこうと思う。

---

実にワクワクしますね。お話の中で〝一生型収入〟という言葉がありましたが、その反対の言葉は〝それきり型収入〟ですね。先に進む前にこの言葉の意味について説明していただけますか？

---

**〝それきり型収入〟というのは、一度働いて、一度収入を得るという意味だよ。〝一生型収入〟というのは、一度働いて、何千回も収入を得ることだ。**
わたしは一九八〇年に、『ナッシング・ダウン』というすさまじい本を書いた。それは不動産に関する本としては史上最高の売上を記録し、わたしの一生型収入になったんだよ。というのは、一度きり一所懸命働いただけで、その本は以来、安定した収入の流れをわたしの人生に送り込み続けているわけだからね。この本はあらゆる書店で売られているが、わたし自身がそこにいる必要はないし、マーケティングや販売の仕事をする

必要もない。すべて、書店がやってくれるんだ。

つまり真の秘訣は、**一生型収入だと主張できるような収入源を見つけることだ。**

好例は、デュラセル社の電池に付いている電池テスターを発明し、つくり出した男性だ。この小さな電池テスターのことは知っているだろ？　電池が使えるかどうか調べる器具だよ。


――もちろん知っています。


これを発明したのは、一九六〇年代に、ムードリング［訳注：液晶クォーツを用いた石をつけた指輪。気分の変化によって色が変わるとされる］を生み出したのと同じ人物なんだ。それに使われたのは、熱発生と呼ばれるテクノロジーだよ。

彼はこのアイデアを電池会社に売り込むことにした。会社に対して彼はこう言ったんだ。「報酬はいりません。売れた電池パック一つにつき数ペニーいただければ」

彼はこれまでに、電池パックの小さな収入源から数百万ドルものお金を手にしている。彼はたった一度、一所懸命働いただけで、生涯続く安定した収入の流れを解き放ったんだ。これが一生型収入だよ。

**不動産であろうと、株式市場であろうと、銀行口座の利息であろうと、インターネットであろうと、情報ビジネスであろうと、ネットワーク・マーケティングであろうと、ライセンシングであろうとかまわない。重要なのは、自分が大好きな分野を選ぶことだ。それに集中し、通常の仕事をしていない時間にその仕事をするんだ。そうすれば、今から五年後には経済的自由を手に入れられるだろうね。**

---

ではロバート、ここで、長期的な計画について話していただけますか？　一生型収入やインターネット、一生型収入を生み出すための方法について深く掘り下げていく前に、土台作りをしておきたいのです。あなたはよく、お金に対する正しい心構え、正しい考え方を持つことを勧めていますね。

いくつかの重要なテーマはとりあえず置いておき、先に経済的自由についてお話しいただけますか？　アインシュタインは「人類最大の発明は、複利だ」と言っています。この観点から教えてください。

---

**今この放送を聴いている誰もが、一日一ドルで億万長者になる可能性を持っているんだよ。**複利のパワーを理解すればね。一日一ドルを一〇パーセントの利息で預金したな

らば、五六年後には億万長者になれるんだ。

問題は、たいていの人は五六年も待ちたくないということだ。けれど、わたしたち一人ひとりが自分の子どもたちや愛する人々のためにそれぞれ一ドル貯金すれば、ゆくゆくは複利があなたを億万長者にしてくれるんだよ。

一日一ドルのパワーを説明しよう。

誰かがあなたがまさに生まれたその日から、一日一ドルくれたとしよう。やがてあなたは定年退職する年齢、六五歳になる。お金はどのように増えていくだろうか?

利率がゼロなら、二万五〇〇〇ドルになっている。もし一ドルをマットレスの下に貯めていたなら、利息はまったくつかない。利率が三パーセントでは、七万五〇〇〇ドルだ。五パーセントでは、同じ元手で二〇万ドル。一〇パーセントでは、二七五万ドルになる。一五パーセントでは、五〇〇〇万ドルだ。一日にたった一ドル貯金しただけでこの金額になるんだよ。では、二〇パーセントではどうかといえば、これほどの金利が長期間続くことはまずないが、一〇億ドルにもなるんだ。

こうした数字を示すのは、真に必要なことは自分のお金を、わたしが呼ぶところの**富を生み出す利率**で大きくしていくことだと気づいてほしいからなんだよ。

たいていの人は、お金をゼロか、三~六パーセントの低い利率で預金するよう教えられる。銀行は、慎重に安全に運用すべきだと勧める。「これなら政府の保証付きですよ」などと言ってね。そうやって銀行は客のお金を一〇、一五、二〇パーセントという高利率のものに投資しているんだよ。

こうして銀行は裕福になり、わたしたちは貧乏になるわけなんだ。けれど、わたしたちは本当に安全を望んでいるんだろうか？

**富への真の鍵は、人生において二つのドアのうち一つを選ばなければならないことに気づくことだ。〝自由〟と書かれたドアを選ぶか、〝安全〟と書かれたドアを選ぶかのいずれかなんだ。安全と書かれたドアを選べば、あなたはそのどちらも失うことになる。だが自由と書かれたドアを選んだからとしても、負けないわけでも、つまずかないわけでも、お金を失わないわけでも、不安に感じないわけでもない。しかし最後には、自由だけでなく、安全も手に入れることができるんだ。つまり、どちらも手に入れることができるんだよ。**

今この瞬間から始まるんだ。自分のお金を高い利率で増やし、それを一日二四時間あなたの人生に流れ込ませる決意をした瞬間からね。

あなたがどんな選択をしようと、それを実行するための多くの方法について、これからお話ししたいと思う。だが、決断するのは今日でなければいけない。

だから、全員に右手を挙げて、こう約束してもらいたい。「目標を設定し、いつの日か、今から五〇年後か五年後かはわからないが、億万長者になることを約束する。だから力を貸してくれ」とね。

---

すばらしい。実に有益なお話ですね。きっとリスナーのみなさんが右手を挙げていることでしょう。

今、決めるべき決断、安全志向から自由志向へ移行することの重要性についてうかがいました。ではロバート、ここで、七つの重要なマネースキルについて簡単に説明していただけますか？

**お金を手に入れたければ、七つのスキルを身につけなければならないんだよ。一つめは、一ドル一ドルの価値を知ることだ。一ドル一ドルはお金の種だからね。**一ドルを植え、肥料をやり、雑草を取って、耕してやれば、それは成長する。お金のなる木《マネー・ツリー》になるんだ。そのお金のなる木《マネー・ツリー》が、生涯にわたってあなたにお金を生み出してくれるんだよ。自動的にね。

たいていの人は一ドル紙幣を大切にしない。そのお金を五〇万ドル、五〇〇万ドル、一〇〇〇万ドルに増やせるように蓄えたりしない。だから、一ドルを大切にしなければダメなんだよ。

**二つめは、お金をコントロールする方法を学ぶことだ。**お金を人生に流し込むシステムをつくり上げることだよ。**もっとも重要な原則とは、毎月お金を残すことだ。**

人生に流れ込むお金のほうが、人生から流れ出るお金よりも毎月多いだろうか？

あなたの生活費がいくらであっても、収入がいくらであっても、お金を残すことが必要なんだ。とてもむずかしいことかもしれないが、長期的な豊かさのためにはきわめて重要なことなんだよ。

**三つめは、お金を蓄えることだ。**月の終わりにお金を残すだけでなく、それをとにかく蓄えなければいけない。

「経済的安定のためには、多くの異なる源から複数の収入源を持つ必要があるんだよ」

わたしの友人の女性は先日タバコをやめたんだが、こう言って自慢していた。「ボブ、先月は五〇ドル節約できたわ」

わたしは言った。「じゃあ、そのお金はどこにある？　どこにやったんだい？　見せてくれよ」

彼女はそのお金を持っていなかった。そのお金は彼女の生活費と一緒になって、いつのまにかなくなってしまっていたんだよ。

彼女はその五〇ドルを生活費から取り出して、貯金すべきだったんだ。そうすれば、なくなることはなかっただろうに！　結局、ただタバコをやめたことにしかならなかったんだよ。したがって三つめのスキルのポイントは、とにかく蓄えなければダメだということだ。蓄えるだけでなく、生活費とは別にしなければいけないんだ。

**四つめは、お金を投資する方法を学ぶことだよ。**一〇パーセントかそれ以上の利率でお金を増やさなければ、決して金持ちになることはできない。とにかく、高い利率で収益を上げることだ。それにはより大きなリスクが伴うし、より深い知識を身につける必要もある。勉強もいくらかしなければならないだろう。専門家に師事する必要も出てくるだろう。そうやって、株式市場や債券といったものに投資して高い利益を上げていかなければならないんだ。

**五つめは、お金を稼ぐことだ。これは投資とは違う。**

投資とは、とても消極的なものなんだ。コンピュータのスクリーンの前に座っていればできる。その向こうに誰がいるのか知る必要もない。誰かを説得する必要もない。製品やサービスを売る必要もない。いくつかキーボードを叩いて、あちこちクリックしながら、買ったり売ったりするだけだ。真夜中にパンツ一枚でもできる。誰と話す必要もない。完全な隠遁者でもかまわないんだ。

だが、生活費といったある程度まとまったお金を稼ぐには、不動産に携わるか、事業をしなければならない。そのどちらも、より高いリスク、より強い説得力、より深い知識が求められるだろう。だから、ただお金を投資するのとは異なる別のスキルが必要なんだ。お金を稼ぐことはまた別の話なんだよ。わたしはこう考えている。「**この世にはお金を稼ぐ方法が一〇通りある。大金を稼ぐためのさまざまな方法が一〇ある**」

今夜、ここまで説明できるといいんだがね。

**六つめは、自分のお金を守る方法を学ぶことだ。**お金をたくさん稼いでも、それをこの世の危険から守らなければ、どこかへ消えていってしまう。

だから、しっかりしなければいけないんだ。今日、企業も、家族信託会社も、ＬＬＣ（有限責任会社）も、これまで利用してきた違法でも異常でもないさまざまな秘訣も、あなた自身を守りきれなくなっているからだ。

マイク、ちょっとわたしに聞いてみてくれないか？　あなたは億万長者か、と。

——あなたは億万長者ですか、ロバート？

とんでもない。なりたいとも思わないよ。今のところはお金を持っていて、億万長者のように生活してはいるが、なりたいとは思わないね。自分の財務諸表を誰かに見せて、自分が何でも持っていると自慢したくなんてないよ。それがどこにあるかも、誰が持っているかも知られたくないんだからね。

いい車を運転し、立派な家に住み、美しいものに囲まれ、行きたいところならどこへでも旅行することができるが、そのすべてはさまざまな計画や独自性に対する報酬なんだよ。危険に満ちあふれた世界でゲームをしなければならないんだから。お金をたくさん稼ごうとする前に、自分がしっかりしなければならないのはそのためなんだ。いずれはお金を稼ぐための計画を立てなければならないからだよ。

**最後の七つめのスキルは、お金を分かち合うことだ。**稼いだお金は分かち合わなければならない。実のところわたしは、最初に自分の負担分は払っているんだ。稼いだ一ドル、または純利益につき一〇パーセントを即座に払っているんだよ。それはわたしが最初に使うお金なんだ。その残りが生活費となるわけだが、そこから一〇パーセント貯蓄に回し、さらに残ったお金で税金や家、車、その他諸々の支払をするんだよ。

---

ロバート、ちょっといいでしょうか。最初の一〇パーセントについて説明していただけませんか？　そのお金は寄付するとおっしゃいましたね。どうしてそうするのか教えてください。

---

わたしは多くの億万長者と知り合いだが、彼らにこっそり宗教的信条を聞いてみたら、ほとんど全員がこう答えたんだよ。**幸運によって得たお金の一部を返すことは、自分たちの責任であり、務めであり、遺産であり、責務、そう、この言葉を探していたんだ、まさしく〝責務〟だと信じているとね。**

したがってお金を寄付することは、〝一〇分の一税〟と言ってもいいね。どのように呼ぼうと、その人の宗教的信念に基づくものであることには変わりない。どんな宗教的信念であろうとも、わたしが知っている億万長者はいつもとても気前よく寄付しているよ。

それはとても奇妙なパラドックスでもある。きわめて奇妙なことなんだ。というのは、一方では、彼らはお金のパワーや、どうしたらそれを一〇〇万ドル、数億ドルにまで増やせるかについて話しているからだ。金持ちは自分のお金をとても大事にするものだからね。だがその一方で、数億ドルものお金を寄付してしまうんだ。

どうしてそんなことができるんだろう？

だから、自分の人生に流れ込んでくるお金をうまくコントロールできるようにならなければいけないんだ。というのは、いつかは途方もないお金を稼ぐことになり、寄付することができるようになるからだ。けれど、**お金をコントロールすることができなければ、寄付するお金も、未来の世代に幸運をもたらす手段もまったく手にすることはできないだろう。**〝一〇分の一税〟とはこういうことなんだよ。

――「与えよ、さらば与えられん」ですね。

その通りだよ。**どんなものを与えても、見返りはある。**だから、支持しているさまざまな団体にはできる限り気前よく寄付するようにしているよ。

わたしのパートナー、マーク・ビクター・ハンセンは『こころのチキンスープ』の著者だが、彼と共著者のジャック・キャンフィールドは……君はたしかマークにも以前インタビューしているね？

マークにもジャックにもしています。あなたのほうからこの話を持ち出すなんて、なんだかおもしろいですね。わたしはマークがこの番組に出演してくれたときに、「豊かさは液体だ」という話をしてくれたことを言おうと思っていたんです。つまり、今あなたが話しているのとまったく同じ話です。

マークはつまり、豊かさを水のさまざまな状態にたとえているんだよ。**水は氷（固体）になると、とても硬く冷たくなる。それは人々のお金に対する態度だ。人はお金に対してとても冷たく厳しい態度をとる。けれど寄付し始めると、そうした態度は和らいでいく。液体になるとよりいっそう広がり、さらに寄付すれば、やがては蒸発する。そうやってどんどん広がっていくんだ。寄付すればするほど、与えた本人が広がっていくんだよ。**

**事実、「世の中」のポンプの呼び水を活用すればするほどそうなるんだよ。というのは、「世の中」とは〝与える「世の中」〟だからだ。**ちょっと形而上的な話に聞こえるだろうが、わたし自身、それを自分の人生で証明したんだよ。**与えれば、見返りが返って**

**くるんだ。それも莫大にね。けちったときには、報酬は何ももたらされない。それはすべて感謝の気持ちと、謙虚さから来るものだと思う。**

率直に言って、「これは自分のお金ではない」という謙虚さのことだね。お金はあなたのところにやってきて、そして去っていく。だから、取り入って気に入られようとしても無駄なんだ、はっきり言ってしまえば。けれど、**与えることを学べば、人生は豊かになり、周囲の人々の人生も同じように豊かになるんだよ。**

---

リスナーのみなさん、ここでポイントをさっとまとめてみましょう。

今、与えることについてのお話がありました。お金を与えれば、お金を受け取ることができるのです。

もし望むなら、時間を与えてもいいし、エネルギーを与えてもいいでしょう。あらゆる種類のものを与えることが可能なのです。いわゆる、光は光を引き寄せるわけです。与えたものは去ることはありません。与えたものは返ってくるのです。

ロバート、わたしたちは今多くの人々を揺さぶり、解剖し、影響を与えています。では、インターネットについて話していただけますか？

まず、これまでに失敗したすべてのドット・コム企業について考えてみよう。どうしてそうなったんだろうか？

資金が足りなかったからじゃない。足りなかったのは、賢明なマーケティングのアイデアだったんだ。

**オンラインで何かを売りたければ、オフラインと同じ方法でやらなければならない。**同じ種類の原則と、同じ種類の戦略を使わなければならないんだ。そうでなければ、お金を失うことになる。

わたしは個人的に、過去七年間でアマゾン・ドット・コム（amazon.com）よりも多くのお金を稼いだよ。もちろん、わたしは億万長者ではない。だが強調したいのは、オンラインで働いている人々の多くもそうではないということなんだ。

---

# 「与えれば、見返りが返ってくるんだ。それも莫大にね」

アマゾン・ドット・コムは依然として赤字を出し続けているが、わたしは自分のウェブサイトで毎日利益を上げている。ほかにも無数のふつうの人たちがお金を稼いでいるよ。数百万ドルも用意する必要はないんだ。ウェブサイトはわずかな資金で立ち上げることができる。驚くべきことだね！

——ちょっと口を挟ませてください。ロバート、あなたはどうやって二四時間のあいだに九万四〇〇〇ドル以上もお金を稼いだんですか？

わたしが初めてインターネットを取り入れたのはおよそ四年前のことだ。それまではまったくかかわっていなかった。

それが四年前、友人の一人がわたしにちょっとした挑戦を突きつけてきた。わたしにウェブサイトとやらを買わないかと言ってきたんだ。使用料は年六〇〇〇ドルという話だったが、わたしは疑ってかかった。だって、ひょっとしたらまったく儲からないかもしれないじゃないか。友人はこう言った。「君の家に行って説明してあげるよ。お金を稼ぐところを目の前で見せてあげよう」

彼はカリフォルニアのわたしの家に飛行機で飛んでくると、わたしのコンピュータの前に座った。そしてインターネットにつなぎ、自分が創刊した小さなメールマガジンの購読者たちにメッセージを送信した。すると一分も経たないうちに、最初の注文が舞い込んだ。彼はわたしのまさに目の前でお金を稼いでみせたんだよ。その結果、彼がこのウェブサイトの売り込みをしている一時間のあいだに、注文のメールが続々と舞い込み、わたしの銀行口座にはお金が振り込まれ続けた。友人が目の前でやってみせてくれたことに、わたしはすっかり魅了されてしまったんだよ。

わたしはその場で彼に六〇〇〇ドルの小切手を書いた。インターネットのパワーにはっきりと気づいてしまったからだ。

**Eメールでメッセージを送るときは配信に同意した人のメールアドレスを集めたオプトインリストに送り、決してスパムメールを送りつけてはいけない。**それをすれば、ビジネスは台無しになる。けれど、あなたのビジネスに好意的な人々を集めた通常のリストに送るなら、それは宝の山だ。

しばらく前に、インフォマーシャル（いわゆるテレビショッピング）製作会社ガシーレンカーと仕事をしたとき、わたしはこう言ってみた。「どのくらい稼げるかデモンストレーションしてみたい」

そこで特定の日を一日設定し、わたしはコンピュータの前に座り、カメラが回る前で、一万一〇〇〇人のリストにメッセージを送信したんだ。二四時間のあいだにそのリストからどのくらいのお金を稼げるか試してみたかったんだよ。二万四〇〇〇ドルは稼げると思っていたが、実際はなんとそれ以上、正確には九万四五三二ドル四四セントも稼いでいたんだよ。その後六時間のあいだに、さらに二万ドル稼いだよ。結局、たった一日ほどで一一万五〇〇〇ドル以上も稼ぐことができたんだ。

そのほとんどが利益で、コストはかからなかった。すべてはとても単純なプロセスでおこなわれたんだ。けれど、準備をするのに多少の時間はかかったよ。**一日で一〇万ドル稼ぐなんていうと、夢のような話に聞こえるだろうが、実際にはそうではないんだ。**

ウェブサイトを立ち上げるのに九ヵ月かかり、無料で配信しているニュースレターを通じて一万一五一六人のメールアドレスを手に入れるのにさらに九ヵ月かかった。人々はそのニュースレターに登録してすばらしい情報を得ることができたわけだが、その中にわたしがやっているビジネスのオファーをときどき含めたというわけだ。この場合はこんな感じだった。だが、これを準備するのに一八ヵ月かかったんだよ。

――ちょっといいですか？　ロバート、あなたのウェブサイトの最高の財産はゲストブックではありませんか？　それ以外に、財産と呼べるものはないんじゃないでしょうか？　あなたのウェブサイトを見ると、そこでしているのは無償のものを提供することがほとんどですよね。それはどうしてですか？

インターネット・マーケティングと従来のマーケティングとの違いは、従来のマーケティングでは誰かに売り込みをしたとき、答えが「イエス」か「ノー」のどちらかだということだ。これが欲しいかとたずねれば、相手は「イエス」あるいは「ノー」と答える。そしてその答えを得るのにコストがかかる。というのは、ダイレクトメールやパンフレットを送ったり、テレビ広告や何かも出したりしなければならないからだ。とにかく、「イエス」か「ノー」のいずれかなんだ。お金を稼げたかどうかは、そのプロセスの終わりになってようやくわかることなんだよ。

けれど**インターネットでは「イエス」か「ノー」ではない。「たぶん」なんだ。**

あなたの目の前には巨大な湖がある。かりに〝たぶん湖〟と呼ぶことにしよう。というのは、人々はそこに入ってきて、長いあいだ〝たぶん〟あなたと一緒にいるからだ。あなたがどんな人間なのかを確かめたいんだ。好意を持てる人間かそうでないかをね。

もし気に入らなければ、一円もやりたくないと思うだろう。だが気に入れば、一定期間が過ぎたあと、「たぶん」から「イエス」に気持ちが変わるはずだ。そうしたら彼らは別の池に滑り込む。かりにそれを〝イエス池〟と呼ぶことにしよう。そしてその中の何人かがクジラになり、あなたが売るものをすべて買ってくれるんだ。それをわたしは〝クジラ池〟と呼んでいるよ。

真の秘訣は、魚が泳ぐ広大な海から人々を引き寄せることなんだ。その人たちをあなたの〝たぶん湖〟に引き入れることができれば、いくつかのイエスと何頭かのクジラを手に入れることができる。〝たぶん湖〟にいるときは、彼らとEメールでコミュニケーションをとればいい。Eメールはタダだ。売り込みにはまったくお金がかからない。

つまり、これが秘訣なんだ。**インターネットの秘密が何かを本当に知りたければ、お金をかけずにすみやかに失敗することだよ。**

――もう一度言っていただけますか？

**お金をかけずにすみやかに失敗することだよ。**通常の世界では、失敗にはコストがかかり、その進み方もゆっくりだ。手紙を送り、すべての返事が戻ってくるまで数週間は待たなければならない。あるいは、雑誌に広告を出す場合もそうだ。とにかくゆっくりなんだ。高くつくうえ、結局は失敗する。

だがインターネットでは、Eメールでメッセージを送ることができる。たとえば、本につけるタイトルについて意見を聞きたいときはこうだった。わたしは自分のEメールリストにメッセージを送ってこうたずねたんだ。「みなさん、このタイトルをどう思いますか?」すると三時間以内に、一〇〇〇通も返事が来たよ。中身はこんな感じだった。「このタイトルは好きではありません。あっちのほうが好きです」これにいくらかかったと思う? タダさ。

とても科学的なマーケットテスティング(市場化テスト)をいくつかお金をかけずにやってみたが、失敗したよ。でも失敗しても、タダだ。タダで十分に失敗したおかげで、真に機能するものを発見することができた。それからは、お金をかけずにすみやかに成功することができるようになったよ。

---

人々を引き付けて購入させる方法についてお話しいただく前に、リスト作りを始めようと思い立ったふつうの人であるリスナーのみなさんに、何か秘訣を教えていただけませんか? 人々と通信するもっともよい方法とは何ですか? それは毎日送ったほうがいいのでしょうか? それとも週に一度がいいのでしょうか? そのやり方で前進する方法について何か情報があれば教えてください。

では、ゼロから始めると仮定しよう。まずテーマを選ばなければならない。何か一つ選んでほしい。何を売りたいのだろう？　それは製品だろうか、それともサービスだろうか、あるいは情報だろうか？

――情報を売ることにしましょう。

いいだろう。では情報を売ることにしよう。これは売り物としては最高のものだよ。デジタル化できるし、瞬時に簡単に安価に配信することができるからね。どんな情報を売りたいのだろう？　健康に関するものだろうか、それともお金に関するものだろうか……？

――お金に関する情報にしましょう。

わかった。オンライン・マーケティングにかかわるすべての人々と同様に、この放送を聴いている方々にも理解してほしいことは、**重要なのは何を売るかではなく、自分が売るものを愛さなければならないということだ。**

じゃあ、まずはほかの人々に売る情報を手に入れることにしよう。そうした情報は無料で手に入れることができるよ。すべてインターネット上にあるからね。何千もの特別報告書や本までが無料なんだ。そうした情報を集めたら、ほかの人に売るなり、無償で提供するなり準備を整える。

ここがポイントだ。

**かりに無償で提供したとしても、それと引き換えにEメールアドレスを手に入れることができるんだよ。相手が自分のEメールアドレスを持つことを許してくれれば、たとえ無償で情報を提供していたとしても、このテーマに関心を持つ人々のリストを作ることができるんだ。**

一〇〇人だろうと、二〇〇〇人だろうと、一五〇〇人だろうと、とにかく何人でも。

---

## 「インターネットの秘密が何かを本当に知りたければ、お金をかけずにすみやかに失敗することだよ」

売ろうとさえしなければ、今年の終わりまでに「もっと情報を送ってください。無料というのはいいですね」という人々、一万人分のEメールアドレスを集めるという目標を達成できるだろう。ここで言いたいのは、この人々の一パーセントはあなたの商品を喜んで買うだろうということだ。

月に一度Eメールにオファーを加えれば、たった一度でも一パーセントだ。そしてあなたは一〇〇ドルの商品を売る。情報という商品だ。それには健康、人間関係、ダイエット、お金、株式市場、不動産、起業、インターネットビジネスなどあらゆる種類のテーマから自分の好きなものを選べばいい。もしその情報をある一定期間は無償で提供することにすれば、その一パーセントの人々は大喜びするだろう。そしてすぐにでも情報を欲しがるはずだ。彼らは喜んでお金を払うだろう。一万人の一パーセントは一〇〇人だ。一〇〇人かける一〇〇ドルは一万ドルだ。月に一度それを実行すれば、生涯、年間一二万ドル稼ぐことができるんだよ。

---

ようするに、まずは種を植えなければならないんですね。時間とエネルギーを使って。トラフィック（アクセス数）を集めるのにお金も使わなければならない。そういうことですね？

その通りだよ。

---

そして、無料の電子ブックやオートレスポンダー（自動返信プログラム）といったものを提供しながら、一部の人々をすくい上げ自分のオプトインリストに加える。そして今度は、その人々に価値のある品物や情報をじっくり与えながら近づいていくわけですね。

---

まさに君の言う通りだ。わたしは今、メディアを通じて「一時間で一から話そう。そうすれば、一時間後には六〇分でお金を稼げるようになっているだろう」と言っている。

では、それにはどうすればいいのか？

まずは、今インターネット上には大勢の人々がいることを知るべきだね。**今この瞬間、少なくとも六〇〇〇万人の人々がインターネットに接続しているんだよ！**　わかるかい？　それがたった今起こっていることなんだよ、この瞬間にね。

この人々の一部が、イエローページ（職業別電話帳）を見るように、情報を探し求めているんだよ。

いいかい、イエローページと新聞には違いがあるんだ。

新聞を読むとき、広告は読まずにニュースを知ろうとするだろう。だが、イエローページを見るときは何を探すだろう？　そこにニュースは載っていない。イエローページを見る唯一の理由は、何かをしきりに求めているからだ。今すぐ何かを手に入れたいと思っているんだよ。

ようするに、インターネット全体が同じようなものなんだ。それは巨大なイエローページなんだよ。

一つ違うことは、イエローページは無料ということだ。それを手に入れるのに、イエローページを発行している企業に毎月多額の利用料を支払う必要はない。

今この瞬間、六〇〇〇万人の人々が情報を探し求めているんだよ。

この人々を小さな集団にグループ分けし、即座に意思疎通できる方法がわかれば、すぐにでも返答をもらうことができる。したがって、「この人々をどうやって見つけるのか？」というのが君の次の質問だと思うね。

――おっしゃる通りです。

わたしが先ほど説明したような方法を、すでに何千人もの人々が実践している。メールマガジンを創刊するのに九ヵ月かかったと言ったね。つまり、一万一〇〇〇人の名前を集めるのにそれだけかかったんだ。今では、わたしの製品を欲しがる人々のEメールアドレスは優に二万五〇〇〇件を超えているよ。

毎日、何千というメールマガジンが配信されている。毎日毎日一つずつメールマガジンが配信されるわけではない。毎日毎日、何千ものメールマガジンがインターネットを通じてこの無数の人々に配信されているんだよ。

こうしたメールマガジンに広告を載せることもできるし、スポンサーになることもできる。あるいは、信じられないくらい少ないお金で一つの案内広告枠を買うこともできるんだ。案内広告を四〇～五〇ドルで出せるんだよ。これならそんなに高くはないだろ。

それで、わたしを人気のあるトーク番組に出演させてみてくれたまえ。今日は準備してこなかったが、わたしがやりたいと思っていることは、異なる一〇のテーマに関する異なる五〇のメールマガジンの購読者リストを手に入れ、トーク番組のホストが誰であろうとこう言うことだよ。「テーマを選んでくれ。今この瞬間に、あなたがそれでお金を稼ぎたいと思うテーマは何だろうか？　いいかい、ここに今日配信される予定のそのテーマに関するメールマガジンがある。すでにその中に広告を出す手配は整えてある。

そこに広告を出し、六〇分でお金を稼ごう」

――あなたはそこで製品を売るんですか？　それとも、何か無料のものを提供するんですか？　どんなことを期待しているのですか？

それはどうでもいいことなんだ。率直に言えば、**お金を稼ぎたいなら、つまり、一時間でお金を稼げることを証明したいなら、値段のついたものを売らなければならないんだよ。**

――残りあと一五分になりました。ここでリスナーの方々が理解できるように、おさらいしたいと思います。先ほど〝トラフィック〟という言葉が出ました。トラフィックはインターネットで成功するための鍵です。ウェブサイトへトラフィックを集めるための秘訣を、いくつか教えてください。

そうだね。**自分のウェブサイトにトラフィックを集めるもっとも手っ取り早い方法は、有料で登録できる検索エンジンを利用することだ。**有料の検索エンジンでは、入札によって検索度の上位にランクされる。売りたい製品がどのカテゴリーに入るかによって、誰かが一回クリックするごとに二五セント払うんだ。なかにはもっと安く、ワンクリック二セント、三セント、五セントというところもある。

誰かが検索エンジンであなたのテーマに関連する何かを探しているとき、あなたのサイトが検索結果の上位一〇の中に入っていれば、彼らはあなたのもとへやってくる。そしてあなたは検索エンジンに彼らを誘導してくれた手間賃を払うというわけだ。だがその誘導は、きわめて価値のある誘導だよ。あなたのサイトが十分によいものであればね。

ちなみに、わたしのウェブサイトはとてもシンプルだ。しゃれたところなどまったくない。なぜなら、凝った内容で人々を混乱させたくないからだ。人々を自分のサイトに引き寄せたいんだよ。検索エンジンを利用して人々を誘導し、彼らがわたしのサイトにたどり着いたなら、Eメールアドレスを教えてくれるほど、わたしに興味を持ってもらいたいんだ。

---

オンラインで財産を蓄積するということは、数千、願わくは、数万のEメールアドレスを蓄積することなんですね。その一部が〝たぶん湖〟に入り、最終的には、月に一度、あるいはできる限り、彼らを〝イエス池〟に引き入れるわけですね。

ところで、あなたは〝倫理的賄賂（the ethical bribe）〟について触れていますね。それは相互依存のパワーを導くと。倫理的賄賂とはどのようなものですか？

それは、何かを与えて、その見返りを期待することだよ。人々はこのことに慣れている。

たとえば、クッキーを売る店に入ったとしよう。店員は試食品をくれる。つまり、無償で何かを与えれば、基本的に人々はそれを気に入るものなんだ。

だから、**無償で与えれば与えるほど、ますます気に入るようになる。**やがて人々はお返しをしようと思うようになる。施しに対して報いようとするんだ。

インターネットでは、それはもっとも効果的な方法なんだ。というのは、誰もがすでに無料のものをもらうのに慣れているからね。だから、自分のメールマガジンやウェブサイトには無料のものをぎっしり詰め込むといい。

これまでインターネットをやったことのない人は、ほかの人々に提供できるものが無料で手に入ることを知るべきだね。自分でつくらなくてもいいんだ。これは脳外科手術じゃない。そんなにむずかしいものではないんだよ。

自分が好きだと思えるテーマを探し、見つかったら書店へ行って、そのジャンルの棚を調べる。あなたはどんな雑誌を講読しているだろうか？　どんな趣味を持っているだろうか？　それこそ、あなたが人々に無償で与えるべき情報の種類なんだ。そうすればゆくゆくは、人々はあなたが有料で提供するものも欲しがるようになるだろう。

――ちょっといいですか、ロバート。アフィリエイト・プログラムを活用する能力について話していただけますか？　また、そもそもアフィリエイト・プログラムとはどのようなものなのでしょうか？

アフィリエイト・プログラムとは、ほかの人の製品を売るためのものだ。わたしのウェブサイトでも、このプログラムを使っているよ。

「重要なのは何を売るかではなく、自分が売るものを愛さなければならないということだ」

わたしの製品を売ってくれた人に、紹介料を支払うんだ。あるいは、誰かがわたしの高価な上級セミナーを受講した場合、その受講者がアフィリエイトしている人の紹介なら、やはり謝礼をたっぷり払う。インターネット上には、何千ものアフィリエイト・プログラムがあるんだよ。

たとえばアマゾン・ドット・コムを例にとれば、このサイトを自分のサイトにリンクしておけば、誰かがそのリンク経由でアマゾンから商品を購入した場合、アマゾンは手数料を支払ってくれる。すなわち、ほかの人々の商品を売れば、そこから収入を得ることができるんだよ。

**だから、自分のウェブサイトでお金を稼ぐことも、収入源の一つにすべきなんだ。それには六つの方法がある。**

**一つめは、ほかの人々とジョイントベンチャーを組んで自分の商品を売ること。**

**二つめは、アフィリエイト・プログラムを使ってほかの人々の商品を売ること。**

**三つめは、自分のウェブサイトに情報を売る独自の書店を持つこと。**

**四つめは、自分のウェブサイトに広告を載せること。**

十分に多くの人々があなたのウェブサイトを訪れるようになれば、喜んで広告料を払ってくれる広告主が集まるだろう。メールマガジンを定期的に配信しているなら、そこに広告を載せることで広告料を請求することもできる。

**五つめは、わたしが呼ぶところの〝インターネットのインフラ〟、別の言い方をすれば、〝つるはしとシャベル〟を提供してお金を稼ぐことだ。**ようするに、**インターネットビジネスに不慣れな人々を引き付けて、それで成功するための方法を教えるわけだ。**自分のウェブサイトでそれに関する情報やサービスを売ればいいんだよ。

**そして六つめは、オークションに参加すること。**オークションは、自分のウェブサイトにトラフィックを誘導するためのすばらしい方法の一つだ。オークションサイトに行き、自分の情報やアイデアや製品を出品してみるといい。オークションが終わるまで三、四日待たせるのではなく、人々が自分のウェブサイトに来られるようにするといいだろう。あなたが出品したものを欲しいと思った多くの人々がオークションサイトからまっすぐあなたのウェブサイトにやってきて買ってくれることだろう。

　これが、自分のウェブサイトでお金を稼ぐための六つの方法だ。なかでも大切なのは、**定期的に情報を配信するメールマガジンを持つこと**だよ。


---

　では、ここまでの内容をまとめてみたいと思います。

まず最初に、情熱を注げるもの、自分が楽しめるものを見つけ、考えをまとめるわけですね。それから基本的なウェブサイトを立ち上げ、無償で提供できる情報を集め、オプトインリストを構築し始める。次に、リストの〝たぶん湖〟にいる人々に価値ある情報を提供する。そうすれば、やがてその人々は〝イエス池〟に入る。これがその手順です。こうした情報についてより深く徹底的にお伝えしています。

あと、およそ七分あります、ロバート。ここでちょっと触れたいことがあります。シンプルなウェブサイトを立ち上げたいと思っているリスナーに、それを成功させるための最高の秘訣を教えてあげたいんです。

〝ＵＳＰ〟のパワーについて話していただけますか？　それはどのようなものなのか、そして、とくに通常のビジネスの成功にとって、なぜそれが大切なのか、教えてください。

---

ようするに、どこか違っていなければならないんだよ。

大企業をいくつか例にとってみよう。たとえば、ボルボ。ボルボは何で有名だろうか？　ボルボのことを考えたとき、おのずと浮かんでくる言葉は〝安全〟だ。

では、ドミノピザはどうだろう？　〝三〇分で熱々のピザ〟だ。

フェデラルエクスプレスは？　浮かぶ言葉は〝翌日配達〟だろう。

では、あなたの製品やサービスについて考えたとき、人々が思いつく言葉は何だろう？　人々がわたしのことを考えるときには、たいてい〝お金を稼ぐ〟という言葉が浮かんでくる。お金の稼ぎ方を教える男だとね。もとは〝不動産〟だった。これはわたしの専門だったが、のちに株式投資やインターネットといった、金儲けのさまざまな手段へと手を広げていったんだ。

だから、わたしにふさわしい言葉は「手っ取り早く稼いで、手っ取り早く億万長者になる」だね。

**とにかく人を引き付けるもの、つまり自分にとってのニッチ（特殊分野）を見つけることだ。〝USP〟という言葉は、〝ユニークな売り込み提案（Unique Selling Proposition）〟の頭文字なんだよ。**

**この〝USP〟を使って、別のUSPをつくってみた。**

**USPの〝U〟は、わたしの場合、〝最高の利点（ultimate advantage）〟を表す。**あなたの製品やサービス、情報はなぜ競争相手よりもすぐれているのだろうか？　客はインターネット上にいるほかの誰よりもすぐれた、どんな利点をあなたから引き出すことができるだろうか？

**USPの〝S〟は〝刺激的な提案（sensational proposal）〟**だ。提案は刺激的なものでなければならない。わたしがプロテジー・プログラムに関するニュースレターでしているのはこんな提案だ。「あなたは億万長者になろうと努力している。今年の終わりには、億万長者への道にかなり近づいてほしいと思う」これが、刺激的な提案だ。

**USPの〝P〟は〝力強い約束（powerful promise）〟のことだ。**インターネットについて書いたわたしの本は、六〇分でお金を稼げるようになることを読者に約束している。実に力強い約束だろ？『ナッシング・ダウン』でした力強い約束は、ゼロからお金を稼げるようになることだった。

そしてその挑戦をこう表現した。「わたしをどんな都市にでも連れていってくれ。そして、わたしの財布を奪い取り、わたしに一〇〇ドル紙幣をくれ。そうすれば、七二時間以内に自分のお金をまったく使わずにすばらしい不動産を一件買ってみせよう」これがわたしの約束だった。約束はしっかり果たしたよ。七二時間以内に七つ物件を買ったんだからね。同行していたロサンゼルス・タイムズ紙の記者が証人だよ。

――ロバート、この番組も残すところあと五分になってしまいました。今からいくつか質問をしますので、それぞれについて三〇～四五秒で答えていただけますか？

――あなたは世界中にいる数百万の人々のメンターです。一般に、ビジネスで成功するうえでのメンターのパワーとはどのようなものなのでしょうか？

メンターの重要性について話すようになってからずいぶんになるよ。

インターネットに関する本を執筆していたときのことだが、ある日、序文を書きながら、自分の人生全体を振り返ってみたんだ。わたしはそれまで師事したメンターの数を数えてみた。人生のきわめて重要な局面にはいつでも、必ずメンターがいた。偶然出会った人もいれば、こちらから求めた人もいるが、全部で三〇人は超えるね。この人たちが、わたしを次のレベルへと引き上げてくれたんだよ。

不動産投資を教えてくれた男性は、大富豪だった。大学に五〇年通ったとしても、彼が六ヵ月間で教えてくれたことを学ぶことはできなかっただろうね。

出版業界に引き入れてくれた女性はベストセラー作家だった。彼女はわたしを書籍商年次総会に連れていってくれた。そこには二〇〇〇もの出版社が参加していて、わたしを社長たちに紹介してくれたんだ。今思えば、あれは実に貴重な指導だったよ。

こんなふうに、誰にとってもメンターを持つことは重要なんだ。まわりの人々に助言をもらうには、その中からメンターを探すことだ。

**こんな言葉がある。「あなたの収入はあなたの親友一〇人の平均収入である」**

**これは、一〇人の親友の収入を足して一〇で割ったら、それがあなたの平均収入だという意味だよ。**

**収入を二倍、三倍、四倍、あるいは一〇倍にしたければ、そのくらいの収入を得ているメンターを持って、自分の平均収入を上げなければならないんだ。**

---

ロバート、残すところあと一分となりました。

リスナーたちに何冊か本を推薦していただけますか？　あなたが影響を受けた本で、書店に行けば入手可能なものを何冊か紹介してください。あなたがおおいに影響を受けた本はありませんか？

---

**ロバート・B・チャルディーニ博士**には影響を受けたね。彼はすばらしい人物だよ！

もちろん、**アンソニー・ロビンズ**の本もすばらしいね。

---

『思考は現実化する』には強く影響を受けましたか？

ああ、もちろんだよ！　おおいにね！　**『思考は現実化する』は、わたしのリストのナンバーワンだよ！**　あとは**ジョージ・S・クレイソンの『バビロンの大富豪――「繁栄と富と幸福」はいかにして築かれるのか』だね。**

――あなたは何度も何度も億万長者になったわけですが、『思考は現実化する』から学んだもっとも重要なこととは何ですか？

自分は億万長者になれるということだよ。それは可能だということだ。今日この放送を注意深く聴いていてもらえれば、あなたにもなれる。きっとね！　**夢と欲望と目標と情熱があれば、あなたも億万長者になれる。**ツールはすでに用意されている。『実践的オンラインマネー獲得法』がその助けになることを願っているよ。

――ロバート、〝マイク・リットマン・ショー〟にご出演いただき、本当にありがとうございました。

どういたしまして、マイク！　こちらこそ礼を言うよ。では、ごきげんよう！

●**ロバート・アレン**

作家、起業家。

最初の著書、『ナッシング・ダウン（Nothing Down）』が、一二五万部の大ベストセラーになる。これは、不動産投資関連では、史上最も売れた本になった。その後もベストセラーを世に出し続けている。邦訳されている著書としては、『ロバート・アレンの実践！　億万長者入門』（神田昌典監訳、フォレスト出版）『ロバート・アレンの聴く！　億万長者入門』（田中孝顕監訳、ナイチンゲール・コナント・ジャパン編、きこ書房）『実践的オンラインマネー獲得法』（寒河柳太郎訳、東急エージェンシー出版部）などがある。

世界各地でセミナーを行いながら、「グッド・モーニング・アメリカ」や「ラリーキング・ライブ」などの人気があるテレビのトークショーにもゲストとして出演。

また、「ウォール・ストリート・ジャーナル」「ニューズウィーク」「バロンズ」「マネー・マガジン」「リーダーズ・ダイジェスト」などにも記事を書いている。

「財務諸表は、実際の人生における通知表なのよ」

# 第6章 シャロン・レクター

# 「金持ちはお金を自分のために一生懸命働かせるのよ」

今夜お迎えするのは、世紀の超ベストセラーの共著者です。それは、金持ちになるための方法について書かれた偉大な本です。ぜひとも入手すべきこの本のタイトルは、『金持ち父さん貧乏父さん――アメリカの金持ちが教えてくれるお金の哲学』。これから、『金持ち父さん』シリーズをじっくり探索していきたいと思います。

今夜は、これまで誰も越えたことのない豊かさへと続くボーダーラインに踏み込んでいきましょう。『金持ち父さん貧乏父さん』『金持ち父さんの投資ガイド入門編――投資力をつける16のレッスン』『金持ち父さんの投資ガイド上級編――起業家精神から富が生まれる』『金持ち父さんのキャッシュフロー・クワドラント――経済的自由があなたのものになる』『金持ち父さんの子供はみんな天才――親だからできるお金の教育』。このシリーズは革命的です。あなたの人生を一変させるほ

――どのすごい情報です。シャロン・レクター〝マイク・リットマン・ショー〟へようこそ。

ありがとう、マイク。あなたはすばらしい司会者ね。感謝するわ。

――どういたしまして。今日はお話ししたいことが山ほどあります。今夜の〝マイク・リットマン・ショー〟は、『金持ち父さん』シリーズについてお送りします。まずおうかがいしたいのは、『金持ち父さん貧乏父さん』のストーリーについてです。なぜ世界中の人々にとって、このストーリーを知ることが重要なのでしょうか？

最初に、『金持ち父さん貧乏父さん』はロバート・キヨサキが若者だった頃に経験した、とてもシンプルなストーリーだということを説明するのがいいわね。

彼には父親が二人いたの。一人は実の父親で、もう一人は親友の父親。この二人の父親の違いがストーリーのすべてなのよ。

実の父親はハワイの州教育局の局長だった。彼はいつもロバートに、「一生懸命勉強していい成績をとれば、いい仕事につける」と言い聞かせていた。リスナーのみなさんもきっと、こんなことを一度や二度は言われたことがあるでしょう。わたしだってあるもの。ロバートの〝金持ち父さん〟は親友の父親だったんだけど、学校を中学二年生のときに中退して、会社を引き継ぎ、家族を助けなければならなかった。だから彼は教育を受けていなくて、大学の学位がなかったの。でも、彼はお金のことを学んでいた。お金のパワーをね。**〝ファイナンシャル・リテラシー（お金に関する読み書きの能力）〟**を身につけていたのよ。

やがて彼は、ハワイでもっとも裕福な人間の一人になった。

なぜ、そうなれたと思う？

それは、彼がお金というものを理解していたからよ。ロバートの実の父親は教育局の局長だったけれど、とても貧しいまま亡くなったの。

---

今、ロバート・キヨサキのストーリーについて話していただきましたが、その中で〝ファイナンシャル・リテラシー〟という言葉を口にされましたね。それがどのようなものか、そして、経済的に豊かになるために、なぜそれが重要なのか、説明

――していただけますか？

ええ。読む能力については、知っているでしょう？　親は自分の子どもたちに読み方を教えなければならないわよね。これはとても重要なことよ。

わたしたちはまた、数字を理解する必要もあるでしょう。数字も読めなくてはならない。数字はストーリーを語ってくれるのよ。

学校の通知表には文字や数字が書いてあって、それがあなたの成績を示している。実際の人生では、通知表をもらうことはないけれど、かわりに財務諸表がある。

**財務諸表は、実際の人生における通知表なのよ。**

---

今、財務諸表の話がありました。それは人生における通知表だということでした。ではこれから、『金持ち父さん貧乏父さん』について詳しく探っていこうと思います。この本の中には六つの教えがありますが、これらの教えは、人々の心やビジネスを変えてしまうほどのパワーを持っています。

シャロン、この中の「金持ちはお金のために働かない」という教えから始めていただけますか？　この章では、いかに中流以下の人々がお金のために働くかについて書かれていますね。けれど、金持ちはお金を自分たちのために働かせるとあります。

これはいったいどのような意味なんですか？

---

まずは、さまざまな収入の種類について話しましょう。

**収入には、勤労所得、不労所得、ポートフォリオ所得があるの。**

勤労所得はわたしたちがよく知っているものよ。仕事で得る収入のこと。ようするに給料ね。一生懸命働いて受け取るお金。従業員や自営業者としての労働の結果。それが勤労所得よ。**収入が自分の個人的な努力に基づく場合、金持ちになるのはとてもむずかしいの。**一日の時間は決まっているから、一週間に働ける時間も決まってくる。

不労所得とポートフォリオ所得は資産から生まれる収入よ。

**金持ちは勤労所得を手にしたら、それを資産に変え、そこから不労所得とポートフォリオ所得を生み出す方法を知っているの。**

**そうやって、金持ちはお金を自分のために一生懸命働かせるのよ。自分がお金のために一生懸命働くんじゃなくてね。**

――では、お金に関する心構えについて、もっと話を聞かせてください。今、とても興味深いことをおっしゃいましたね。「資産で贅沢品を買う」と。たいていの人は稼いだお金で贅沢品を買います。そうですよね？


その通りよ！

一度お金が去っていったら、もうそれっきりでしょう。

でも、新しい車が欲しければ、出かけていき、小切手を書いて、新しい車を買うわね。だけど、その車がなくなったら、お金も車も両方なくなってしまう。

だから、ほんの少し頭を使うのよ。

出かけていってその同じ小切手を書くかわりに、二世帯か四世帯用のアパートを買うの。この不動産は毎月、家賃というキャッシュフローを生み出してくれる。そうすれば、この余分なキャッシュフローを使って車を買うことができるでしょう。その車がおんぼろになって、処分しなければならなくなったとしたら、どうなると思う？ それでもあなたは資産を持ち、それは依然として収入を生み出している。キャッシュフローを生み出す不動産は残っているわけだから。

シャロン、今負債にではなく資産に投資するとおっしゃいましたね。さらなる支出を増やすのではなく、かわりにコルヌコピア（豊饒の角）を、つまり不動産か何か、毎月お金を生み出してくれるものを育てるんですね。そしてそこから入ってくるキャッシュフローで、贅沢品を買えばいいというわけですね。

ではここで、資産というテーマに関して異論の多いポイントに踏み込みたいと思います。資産と負債の違いをリスナーの頭に叩き込んでおきたいんです。シャロン、この質問に答えていただけますか？　わたしの家は、あなたの家は、ほかの誰かの家は、資産ですか？　それとも負債ですか？

---

「場合による」というのが答えね。じゃあ、あなたの家について話しましょう。あなたはその家に住んでいるのかしら？

---

わたしの家を例にするんですね。答えはイエスです。

---

じゃあ、それはあなたの自宅ということね。資産の定義を思い出してみて。資産はあなたのポケットにお金を入れてくれるものよ。

あなたの家はあなたのポケットに毎月お金を入れてくれるかしら？

――いいえ。

では、負債の定義について考えてみましょう。負債はあなたのポケットからお金を奪っていくものよ。

あなたの家はあなたのポケットから毎月お金を奪っていくかしら？

――まったくその通りです。

「贅沢品が欲しければ、それを買えるだけの収入を生み出す資産を買わなければならない」

そうね。銀行に支払をしなければならないものね。固定資産税を通じて政府にも支払をしなければならないし、庭の維持費や電気代もかかる。

ということは、金持ち父さんの定義では、「資産はあなたのポケットにお金を入れ、負債はあなたのポケットからお金を奪っていく」だから、あなたの家はどっちかしら？

――負債ということになりますね。

では、一つ質問させてください。住宅ローンを払い終えれば、ふつうは家が自分のものになったと考えます。それは資産だと。それでもやはり家は負債なんですか？

そうね。一つ質問させてくれる？　固定資産税を払わなかったとしても、将来もその家を持ち続けることができるかしら？

――いいえ、できませんね。

つねに固定資産税はついてまわるの。政府がつねにそれに一役買っているから。

ようするに、すべては心構えなのよ。

わたしたちは自分の家を愛している。とくに大きな家が好きよね。でも、わたしたちにはその家の支払をするための資産が必要なのよ。

一人の投資家として、あなたは自分の家を見てこう自問してみなければならないのよ。「この家は毎月いくらお金がかかるんだろう?」

まちがいなく、わたしの同僚の会計士ならこんなふうに言うでしょうね。「家を買えば、いずれ評価額が上がる」と。でも逆に、下がる場合だってあるでしょう?

かりに家を買って、一〇年後に売るとしましょう。家の価値は上がっているかもしれない。たとえば一〇万ドルで買ったとして、一〇年後二〇万ドルで売るとしましょう。その時点では、ポケットにお金を入れてくれる資産を持っていることになるわね。でも、それまでの一〇年間、あなたは何を持っていたのかしら?

——負債です。

そう、負債なの。というのは、その家を維持するための収入を生み出さなければならなかったからよ。

もう最高にワクワクしますね。今、資産と負債の話をしているところです。シャロン、ここでビジョンを、つまり心にイメージを描いてみるといいのではないでしょうか？　そうすることで、今この放送を聴いているリスナーのみなさんが資産と負債についていっそう理解できるようになると思います。

では、ファイナンシャル・リテラシーを身につけた人とはどんな人をいうのでしょうか？　彼らは毎日どんなことをしているんですか？

——

簡単なことよ。お金と数字がストーリーを語るの。**お金と数字が意味するものを理解できて、財務諸表を読むことができれば、金持ちになる能力があるということなのよ。**

——

ということはつまり、数字と財務諸表が理解できればいいんですね？

じゃあ、貧乏な人と中流の人とお金持ちの、お金の流れのパターンについて話しましょう。

貧乏な人のお金の流れのパターンとは、どんなものだと思う？　彼らは給料をもらい、毎月支払をし、一日の終わりに少しでもお金が残ることを願っている。

そうでしょう？

でも、たいていは残らない。次の給料日まで生活するのがやっとなの。だから彼らの財務諸表では、収入が入ってきたと思ったら、すぐに支出として出ていってしまう。資産はまったくないし、負債もとても少ない。というのは、借金をするための十分な信用がないからよ。

次は、中流の人のお金の流れのパターンを説明するわね。

中流の人のお金の流れのパターンはこんな感じかしら。若い男女が出会って、結婚し、やがて家を買う。

二人は立派な家を手に入れたけれど、住宅ローンも抱えた。そして今度は車を買う。共働きなので、収入は二人分の給料。その多くは支出として出ていってしまう。そのうえ夫婦は借金を背負い始める。住宅ローンに、車のローン。稼いだお金はまったく資産欄に行かず、すべて負債欄に入る。

だから、二人はさらに一生懸命働き続けなければならないの。というのは、当然、昇給すればもっと大きな家を買うからよ。くわえて、もっと大きな車やほかのものもね。

ようするに、中流の人のお金の流れのパターンはこんな感じなの。お金は給料、すなわち勤労所得として入ってきて、そのあと支出や負債として出ていってしまうのよ。

——では、金持ちのお金の流れのパターンについてお話しいただく前に、おたずねしたいことが一つあります。あなたは〝ラットレース〟という言葉をよく使っていますね？

これはとてもいい言葉だと思うわ。

——では、このラットレースの走者が、あなたが今説明したような状況にいるとします。

そこから抜け出るための第一歩を踏み出し、金持ちを目指そうと思ったなら、その人は、どんなことができるでしょうか？

できることはたくさんあるわよ、マイク。

あなたのリスナーに理解してもらいたいのは、わたしが何か提案するときは、それは誰もが実行できる多くの事柄の一つにすぎないということなの。

それぞれの人が、自分にとって何がふさわしいかを決めなければならないのよ。

それは各自の状況によって異なるの。

たとえば多額の住宅ローンを抱えていて、ようやく支払をしているけれど生活は苦しく、次の給料日までお金がもたない人は、何らかのアドバイスが必要だと思うわ。ファイナンシャルプランナーからプロのアドバイスを受ける必要があるでしょうね。選択肢の一つは、家を売ってもっと小さな家に移り住むこと。そうすれば、収入からお金をいくらかでも資産に、つまり資産欄に入れることができるようになるでしょう。

あるいは、パートタイムの仕事を持つことね。日中の仕事は続け、給料をもらう。でもその一方で、パートタイムの仕事で月に数百ドル余分に稼ぐの。

ひょっとしたらパートタイムの仕事を続けているうちに、日中の仕事をやめられるようになるかもしれないわね。

ほかにも、余分な収入を生み出す手段として、不動産を探すという手もある。つまり、不動産を一件買うの。貸家業は収入をもたらしてくれるから。

できることはたくさんあるわ。でも、すべての人に同じ答えが当てはまるわけではない。**何が自分にふさわしいかを、自分で選ばなければならないのよ。**

――そうですね。

ここまでで、心構えを変えること、資産の蓄積を目指して行動を起こすこと、そして負債を減らすことについて話していただきました。

また余分な収入を得る方法として、パートタイムのビジネスを持つことなどにも触れていただきました。あなたがたが著書の中で強調しているのは、「自分のビジネスを持ちなさい」ということですね。

どうしてそれが重要なのでしょうか？　経済的自由を目指しながら、同時に自分のビジネスを持つには、ほかに方法はありますか？


---

まず、**「自分のビジネスを持つ」**という言葉の意味を定義しましょう。

自分のビジネスを持つというのは、こういうことなの。あなたが従業員なら、日中は何をしているかしら？　八時から五時まで、給料をもらうために働いているわね。そのとき、あなたは、ほかの誰かのビジネスに心を砕いている。第二金曜日の終わりに給料をもらうことを第一に働いているとき、あなたがしていることがこれなの。

でも金曜日に給料が手渡されたら、その給料で今度は、自分のビジネスを持つのよ。つまり、自分の財務諸表をどのように管理するかということ。**あなたは自分の人生のCEOなの。「自分のビジネスを持つ」というのはつまり、「資産を購入する」ということなのよ。**

わたしたちの多くは、小切手帳をもとに行動を起こす。資産という概念さえ頭にない。資産について考えようともしないのに、どうしてそれを手に入れられるのかしら?

つまり、心構えを変えるということですね。ただ給料を浪費することから、資産を購入し、給料を種のように植えて、やがて自分のために収穫を生み出すようにする、ということですね。

その通りよ。これは誰にでもできることなの! 小さなことから始めていいの。決めるのは自分よ。給料をもらうたびに、そのお金をどうするか決めるのは自分なの。**自分のビジネスを持つのは、あなたの務めなのよ。**

## 「あなたは自分の人生のCEOなの」

というのは、わたしたちの多くが勤労所得を資産にならないものに浪費しているからですね。だから、ラットレースはいつまでも終わらないんですね。

ではシャロン、何らかのパートタイム・ビジネスを始めようと考えている人が自分自身を教育しようとするのは賢明なことですか？　内面に目を向けて、情熱や自分が関心を持てるような何かを探し求めようとすることは？

何らかのパートタイム・ビジネスを始めることをあなたがたが勧めているのは、ある意味、そのためなんですか？

---

教育は鍵よ、マイク。まさにあなたの言う通り。**自分自身を教育しなければならないの。**すばらしい秘訣をただ待っていてはダメなの。多くの人がそうしようとするけど。教育と経験が重要なのよ。

あなたのリスナーはこのことを理解してくれると思うわ。**実社会は学校と違って、あらかじめ決められた正しい答えなど一つもない。自分にとっての正しい答えを、自分で見つけなければならないの。**それがすべてなのよ。

だから、給料をもらうたびに、資産を買うのか、それとも負債を買うのか、という選択をしなければならないの。

ここまでで、資産と負債についてお話しいただきました。リスナーのみなさん、あなたのキャッシュフローはどのようなものでしょうか？この番組が終わったあと、それについて考えてみるべきです。
シャロン、ちょっと触れておきたい話題があるんです。著書の中であなたは、「金持ちはお金をつくり出す」と書いていますね。これはどのような意味ですか？　また、これを実行するにはどうすればいいんですか？

そうね、たとえばわたしが中古の不動産を一件見つけるとしましょう。それは賃貸用の住宅で、持ち主がとても売りたがっていたために、わたしは割引価格で買うことができた。本来なら一五万ドルの価値のある家を一二万ドルで手に入れることができたの。そのあと改装して、一五万ドルで売る。それによって、わたしは三万ドルをつくり出したことになるでしょう？
お金をつくり出すチャンスはほかにもあるのよ。たとえば、ビル・ゲイツの場合はどうかしら？　彼はお金をつくり出したと思う？

——彼は莫大なお金をつくり出しましたよ！

じゃあ、五年前には存在しなかった食料雑貨店は？　もし成功すれば、オーナーはお金をつくり出すわね。オーナーはビジネスを立ち上げ、築き、自分自身の努力とマーケティング能力で価値を生み出したのよ。

――ようするに彼らは、アイデアを抱き、計画を立て、ビジョンを確立し、障害と闘い、収入を生み出してくれるものをつくり出したわけですね。

それが資産なの。彼らは資産をつくり出したのよ。それもゼロからね。

――では、チャンスに気づく能力について教えてください。著書の中であなたがたは、「チャンスは目で見ることはできない、心で見るのだ」と言っていますね。

ええ。

何か新しいもの、新製品や何かについて耳にしたとき、何度こんなふうに思ったことがあるかしら？　「こんなことくらい自分にも思いつけた。こんなことくらい自分にもできた」って。誰でもきっとそんな経験があるはずよ。

たとえば、ペットロック［訳注：ペットのように持ち歩く石］なんてそうだと思うけど。**人は誰でも、チャンスがすぐそこにやってきていることに気づく〝能力〟があるの。でも、そうしたチャンスに気づく〝訓練〟をしてきたかしら？　わたしたちにはその能力があるのに、そのための教育と経験がなければ、チャンスに気づくことはないのよ。**

――シリーズ二冊目のタイトルは、『金持ち父さんのキャッシュフロー・クワドラント』ですね。シャロン、このタイトルはどのような意味なんですか？

それは、金持ち父さんが考案した〝キャッシュフロー・クワドラント〟という意味よ。**ロバートが若い頃、金持ち父さんは彼に、お金の世界には四つの異なる種類の人々がいると説明したの。その四つとは、従業員（E）、自営業者（S）、ビジネスオーナー（B）、投資家（I）よ。**

じゃあ、毎月あなたの人生に入ってくるお金についてちょっと考えてみましょう。その大半はどこから来るかしら？　お金がすべて給料として入ってくるなら、従業員（E）ということね。それがあなたの生活の糧よ。あなたはその仕事のおかげで存在している。人生全体があなたの雇用主にかかっている。そうでしょう？

——おっしゃる通りです。

自営業者なら、Sクワドラントね。つまり、自分の仕事を持っている人のことよ。弁護士や会計士、小さな家族経営の商店などがそれに当たるわね。

自営業者は仕事を自分のやりたいようにするのが好きなの。だから、Sの人たちはビジネスを持っているけれど、彼らがいなければビジネスはうまくいかなくなる。

Bはビジネスオーナーのことよ。もしあなたがBなら、自分のために働いてくれるシステムや人材を持っているということね。

SとBとの境界が微妙なときもあるの。自分はBだと考えている人々が大勢いるけれど、その人たちはこう自問してみる必要があるわね。「このビジネスを一年間放っておいて戻ってきたとき、自分が去ったときよりも経営状態はよりよく、健全になっているだろうか?」

熟考に値するでしょう。

——考えるべき問題ですね。つまり、システムを構築すれば、たちまちBに近づけるわけですね。では、Iについて教えてください。

Iは投資家。お金が自分のために働いてくれる立場にある人のことよ。

この四つすべてに属することは不可能かしら？　いいえ、もちろん可能よ。

**今のところ、わたしはこの四つすべてに属しているわ。わたしは、キャッシュフロー・テクノロジー社のE（従業員）であり、経営者でもあるの。それに、S（自営業者）でもある。というのは、ロバートと一緒に本を書いているからよ。自分の会社を持っているからB（ビジネスオーナー）であり、持っているお金を資産に投資し収入を生み出しているから、I（投資家）でもある。だから、この中の一つか二つにしか属せないと考える必要はないの。このすべてに属してもいいのよ。**

もしあなたがEなら、それはすばらしいことよ。世の中はEの人々を必要としているのだから。わたしたちはなにも、従業員になるなと主張しているわけではないの。でも、**自分自身の経済的な運命をコントロールすることは必要よ。**

じゃあ、どうすればコントロールすることができるのかしら？　それには、IかBになることよ。

まず、Bからスタートすることをお勧めするわ。本業とは別にパートタイムの仕事を持つの。そうすれば、とてつもないスキルを身につけることができるでしょう。財務諸表を読む能力が身について、やがては資産に投資するようになり、Iになれるはずよ。

Bになるためのもっとも重要なことの一つは、心構えを変えることですね。つまり、貧乏父さんの側から金持ち父さんの側に移る場合、という意味です。これには同意していただけますか？

もちろん！

リスナーのみなさんが話にしっかりついてこられるように、キャッシュフロー・クワドラントのこの部分について説明するわね。EとSはクワドラントの左側で、BとIは右側なの。

ところで、学校は何の準備をしてくれるところかしら？　学校はEかSになるための準備をしてくれる場所なの。じゃあ、BやIになる準備をしてくれるのはどこかしら？　たぶん、ビジネススクールでしょうね。

できればわたしたちの製品が、あなたをクワドラントの右側に移動させる手助けになればいいと思っているわ。

クワドラントの左側は、EかSとしての経済的安定を示しているの。違いは彼らが使う言葉の中にある。Eはこんなふうに言う。「わたしの給料はいくらだろうか？　福利厚生は？　有給休暇は？」

Sはこんなふうに言う。「報酬は一時間につき一五〇ドルだ。手数料は六パーセントだ」

これがEとSが使う〝言語〟なの。

Bはこんなふうに言う。「わたしの会社に新しい社長を見つけなければならない。優秀なアドバイザーを見つけなければならない。協力が必要だ。チーム一丸となった努力が必要だ」

クワドラントの右側の人々は〝チーム志向〟であって、単独志向ではないの。

Iはこんなふうに言う。「わたしの投資収益率は？　このプロジェクトからどのくらい早く利益が得られるだろう？　売り時はいつだろう？」

**重要なのは、使う思考プロセスと言葉なのよ。**

---

「人は誰でも、チャンスがすぐそこにやってきていることに気づく〝能力〟があるの」

ではシャロン、クワドラントの左側から右側へと移動する最初のプロセスは、自分自身を教育し、その移動方法を学べるかどうかにかかっているということですね？　また移動するだけでなく、その移動を成功させることも重要なんですね？

その通りよ！

**すべては心構えの問題なの！**

わたしたちの会社で扱っている製品の一つに、「キャッシュフローゲーム」があるわ。これは体験するためのものなの。人々が専門用語を覚えるための学びの機会を提供するものなのよ。

クワドラントの右側で成功するには、右側の言葉を学ぶ必要があるの。右側の人たちが話す言葉を理解しなければならないからよ。そしてこのゲームは、資産を築く概念と財務諸表を理解する概念を学ぶのを助けてくれる。

最初のところで、貧乏な人と中流の人のお金の流れのパターンについて話したわね。では、金持ちのお金の流れのパターンについて話しましょう。

彼らは職業を持っていない。

じゃあ、どうして働かずにいられるのかしら？

資産欄がぎっしり詰まった状態を想像してみて。彼らには株式があり、会社があり、不動産がある。こうした資産は収入を生み出し、それは財務諸表に流れ込んでいく。

それで、どうなるかしら？　ベッドから出たくなければ、出る必要がなくなるのよ。**資産が収入を生み出してくれるから**。でも彼らが何をしているか、わかる？　依然として毎日ベッドから出ているのよ。というのも、毎朝、彼らは**金持ちになるための選択**をしているからよ。

金持ちになる選択、つまりお金を理解し、結合させ、増やしていく選択のことですね。そのすべてが心構えにかかっているわけですね！

今、キャッシュフローゲームと言葉についておたずねしました。あなたはまた、『金持ち父さんのキャッシュフロー・クワドラント』の中でとても興味深いことに触れていますね。つまり、お金を使わずにお金を稼ぐ方法についてです。

そういった話はつねに耳にしますが、具体的にはどういうことなのですか？　お金を稼ぐには何が必要なんですか？

---

じゃあ、お金を稼ぐにはお金がないとダメだと思っていると仮定しましょうか？

──わかりました。そう仮定します。

じゃあ、そう仮定したとするわね。

六〇代だった頃のカーネル・サンダースについてちょっと話しましょう。彼はフライドチキンのレシピを持っていた。では、彼がお金を稼ぐのにお金は必要だったかしら？いいえ。でも、彼にはアイデアがあった。そして、そのアイデアを中心としたシステムをつくり上げたのよ。

どういうことかというと、**経験と教育があれば、お金はあなたのもとにやってくる**ということ。これこそ、わたしたちが人々に理解してもらいたいことなの。

**最初の一歩は教育よ。**

**わたしたちは、金持ち短期養成会社じゃないの。誰でも自分の財政的人生をコントロールする力を持っていることを、わかってもらうための会社なの。**今この放送を聴いているリスナーのみなさん一人ひとりがその能力を持っているのよ。

選択しさえすれば、誰でもファイナンシャル・リテラシーを身につけることができる。その選択をいつでもすることができるのよ。

――では、金持ちのお金の流れのパターンについて話していただけますか？　これはとても重要で、シンプルで、基本的なものですが、金持ちしか実践していないという点で本質的にとてもパワフルなものです。シャロン、企業が持つ税法上の利点のパワーについて話していただけますか？

信じようと信じまいと、政府はあなたを助けるために存在しているのよ（笑）。

――よしてくださいよ、シャロン。いやだな、冗談はなしですよ。世界中の人がこの放送を聴いているんですよ。

あなたが従業員なら、給料をもらうときどんなことが起こるかしら？　政府の取り分はすでに引かれているわよね？　つまり、税金はすでに引かれてしまっている。それはあなたの収入から源泉徴収されているの。

でもビジネスオーナーなら、収入を引き寄せることができる。経費としてお金を使うことができるからよ。収入はすべて使ってしまってもかまわないの。一日の終わりに収入を政府に報告するわけだけれど、使ったのが自分の会社の経費であることが証明されれば、所得税を払わなくてもいいのよ。

経費は合法的に認められているけれど、従業員はそれを利用することはできない。というのは、従業員はW2賃金労働者［訳注：W2は源泉徴収表］だからなの。

本業とは別にビジネスを始めれば、合法的にビジネスの目的で使われたお金である限り、経費は収入から控除することができる。政府はそうした経費の控除を認めてくれているから。金持ちはそのことを知っているの。

**金持ちは、会社という構造を利用すれば、税金を減らし資産を守れることがわかっているのよ。**

---

つまり、ここまでの話はこういうことですね。金持ちのお金の流れのパターンでは資産が増え、彼らの資産欄、収入欄は、ますます膨れ上がっていく。

一方、貧乏な人や中流の人のお金の流れのパターンでは、稼いだお金は負債や支出を通じて出ていってしまう。そうですよね？

---

ええ、その通りよ。でも、金持ちの多くも勤労所得を得ているのよ。

では、彼らはその収入をどうしているのかしら？

彼らは勤労所得を資産に変え、不労所得やポートフォリオ所得を生み出しているのよ。

資産が有価証券なら、キャピタルゲイン（資本利得）には五〇パーセントではなく、二〇パーセント課税されるの。

多くの場合、不労所得があるとしたら、そのほとんどは不動産からの収入ね。不動産は課税をほとんど無期限的に先送りにすることが可能なの。一つの不動産をより高い不動産に買い換えている限りね。

利益を減価償却費と呼ばれるものと相殺することができるからよ。こんなふうに、**不動産の分野では税金をほとんど払わずに済ませることが実際に可能なの。**


――今お話の中で〝不労所得〟、〝不動産〟という言葉が出てきました。不労所得を手に入れるには、ほかにどんな方法がありますか？

では、マイク・リットマン、あなたがラジオ局を持っていると仮定しましょう。そしてあなたにはそのラジオ局によって生み出される収入がある。商標登録していて、番組をコントロールし、それを全国に配信することができる。それを何と呼ぶのかしら？

不労所得。大当たりですね！

では、『金持ち父さん貧乏父さん』に九〇秒だけ大急ぎで戻りたいと思います。というのは、クワドラントの左側に関して、大勢の人々にとってきわめて重要な鍵となることが書かれているからです。これは革命的であり、魅惑的であり、心奪われるものです。

働くのは学ぶためであり、お金のためではない。

シャロン、これはどんな意味ですか？


---

**学ぶために働く。**これはすべて教育と経験に関する話なの。ロバート・キヨサキに関するちょっとした話をするわね。彼は生涯でたった一度だけ職についたことがあるの。ゼロックス社よ。

彼はセールスについて学ぶためにその仕事についたの。

誰でも自分自身や自分のアイデア・製品を売り込めなければいけないでしょう。だから彼もそうしたわけ。

**豊かさを経験したければ、スキルを身につけなければならないし、教育も受けなければならないのよ。**

それは本を読んだり、ゲームをしたり、ビデオを観たりすることでも身につけられるかもしれない。けれど、特定のスキルを必要としているなら、出かけていってその分野で働き、そのスキルを学ばなければならないの。そうすれば、自分のビジネスを持つことについて考えることができるようになるのよ。自分の経済的な運命や、経済的な未来について考えてね。

最初に起こすことのできる変化とは、勤労所得を手にしたとき、大あわてで出かけていって、支出欄に入れてしまわないことのようですね。リスナーのみなさんが今夜この放送を聴いたことをきっかけに、それを実践してくれれば大成功です。これはわたしたちにできる最初のステップだと思います。

## 「経験と教育があれば、お金はあなたのもとにやってくる」

では、リスクの概念について話していただけますか？　リスク処理の概念と、リスクを理解することが、なぜクワドラントの左側から右側へ移るのに、おおいに役立つのかについて教えてください。

---

おもしろいことに人々はこんなふうに言うわね。「投資は危険だ」

これを聞くと笑ってしまいそうになるの。だって、わたしたちにとって、**投資はまったく危険なものではないからよ。**

唯一の収入源が給料なら、あなたの雇用主が会社を売却することに決めた場合、それはとても危険だわね？

**わたしたちにとってリスクとは、自分の経済的な運命をほかの誰かのコントロール下に置くことなの。**

**自分自身の人生をコントロールできるようにならなくてはいけないのよ。**

人々はあまりの情報量に圧倒されるように感じることもあるけれど、わたしたちはこう指導しているの。「小さなことから始めなさい」って。ともかく、**重要なのは〝始める〟ことなのよ。**

それには、ブタの貯金箱を三つ買って、毎日それぞれに一ドルずつ入れることを勧めているの。一つは寄付用。一つは投資用。そしてもう一つは貯蓄用。それを毎日続けて、月末になったら寄付用のお金は寄付し、貯蓄用のお金は有利で安全な短期の投資商品に投資し、投資用のお金ももちろん忘れずに投資する。**その一ドル一ドルがあなたの従業員なの。**それを資産欄に記入して、投資商品を買い、決して資産欄から出さないようにするの。**資産の中の一ドルはどれも、あなたのために働いてくれる従業員なのだから。**

――とても興味深いお話ですね。というのは、習慣が、つまり行動が行動を生むからです。行動を起こせば、推進力が生まれ、推進力が人生に新しいエネルギーを生み出す。そういうことですね？

わたしより説明がうまいわね（笑）。

――では、豊かさとは何かということに関連して、あなたの定義を教えてください。豊かであるとは、どのような意味なのですか？

たずねてくれてうれしいわ。それはわたしのお気に入りの質問なの。

人々は豊かさの定義といえば、即座にドルマークや数字を思い浮かべる。**でも、わたしたちの考える豊かさの定義とは、時間で測られるものなの。そう、時間なのよ。**今日もし仕事を失ったら、手持ちの資産であと何日生活することができるかしら?

今頃リスナーのみなさんの多くは、パニックと恐怖で目を丸くしているかもしれないわね。でも、まさにそういうことなのよ。**月々の支出を賄えるだけの収入を生み出す資産があれば、その人は経済的に自立していることになる。というのは、明日、仕事をやめても、自分のライフスタイルを維持することができるからよ。**

わたしたちの多くは、残念ながら、仕事を失えば、せいぜい二、三ヵ月生活できるくらいのお金しか預金口座に持っていない。こんなふうに、**わたしたちの豊かさは時間で測られるのよ、お金ではなくね。**


---

実は、多くの質問が寄せられています。そのうちのいくつかを紹介したいと思います。

まずは、カリフォルニア州のジェイソン。

「あなたがたの会社、キャッシュフロー・テクノロジーでは、あなた、ロバート、そしてスタッフがすばらしいチームをつくっています。

あなたがたはチームの持つパワーについて触れていますね。

ビジネスを立ち上げるとき、スタッフの中にどんな資質を求めればいいのでしょうか？　何らかの基準や、優秀なチームをつくる際に、とくに気をつけるべき点があれば教えてください」


---

**共通の目標と使命を持つべきだと思うわ。それにメンターも必要よ。**自分が携わっている分野で成功している人物がね。

でも、ただ近づいていって「わたしのメンターになってくれませんか？」と頼んではダメよ。

そこには〝交換のパワー〟と呼ばれるものが必要なの。**相手を助けてあげれば、相手もあなたを助けてくれるのよ。**

**成功している人の多くは自分の成功を分け合い、ほかの人々も成功できるように力を貸すことが大好きなの。ただし、彼らの時間は尊重すること。**このアドバイスは役に立つと思うわ。

地元の組合の会合に行って、ネットワークをつくり始めるといいでしょう。ネットワークは信じられないほど強力な武器よ。

ほかの成功した経営者にこうたずねてみるといいわ。「あなたの会計士は誰ですか？税金のアドバイザーは？　弁護士は？」

そうすれば、アドバイザーのネットワークをつくることができるでしょう。**ビジネスと投資はチームスポーツなの。**これは重要よ。

世界を相手に、誰の助けも借りずに一人ですべてのことをやろうなんて、想像できる？

――それがSですね？

そう、それがSなの。

――リスナーのみなさん、さあ今から、言葉の使い方を変えていきましょう。習慣を変えていきましょう。心構えを変えていきましょう。

では、シャロン、次は『金持ち父さんの投資ガイド（入門編・上級編）』についてお話をうかがっていきます。わたしたちの旅はまだまだ続きます。次は投資についてです。現在の勤労所得を利用して、不労所得とポートフォリオ所得を生み出すパワーについてお話しいただけますか？

こんなふうに言う人がいます。「ああ、Iになれたらなあ」Iクワドラントを目指し始めた人にできることは何かありますか？

---

まず、Iクワドラントにはどんな種類の投資があるかしら？　みんなこう言うわね。「預金口座があります」でも、それは投資かしら？　それとも貯蓄かしら？　**貯蓄と投資の区別をつけなくてはいけないの。**投資にはさまざまなものがある。まず不動産に、有価資産。ビジネスを築くこと。製品をつくり出すこと。その製品を売ること。それに、株式の売買。**自分にとってふさわしい投資、あるいはふさわしい組み合わせを選ぶことが大切なのよ。**

---

では、投資プランを立てるという考えと、〝買い時と売り時の戦略〟の概念について話していただけますか？

ようするに、投資とはプランなのよ、マイク。それを理解することがとても重要なの。だから、投資家になりたいって思うだけではダメ。

**投資はプランよ。公式を選び、その公式をマスターしなければならない。**それには五年はかかるけれど、その公式は整然としたものなの。それはあなたが毎日、自分の経済的未来のための投資プランに従って下す計算された決断なのよ。そうした選択はとても個人的なものなの。

今、投資はプランだと言ったけれど、**ファイナンシャル・プランにはいくつかのタイプがあるのよ。**誰にとっても経済的安心のためのファイナンシャル・プランは必要ね。金持ちはそうしたプランを持っている。**安全のためのプランを立てたら、次に快適さを得るためのプランを立てるの。年に三週間の休暇をとったり、少し早めに引退したりするための、ね。**

**だから、まずは〝安心〟のためのプランを立てることよ。それから〝心地よさ〟のためのプラン、最後に〝金持ち〟になるためのプラン。お金を持つことは、自分の望むライフスタイルを維持することなのよ。**

――ここでも、心構えについての話でしたね。つまり、考え方や行動の仕方といったことです。

では、ユタ州のトロイからの質問を紹介します。彼はスモールビジネスのオーナーですが、会社を見直したいと考えています。

「決まりきったやり方を脱するには、どうするのがいちばんいいでしょうか？　Sタイプの会社にすべきでしょうか、それともCタイプの会社のほうがいいでしょうか？　その理由も教えてください」

とてもいい質問だわ。でも、トロイの詳しい事情についてわからない以上、ここで断言するのはとても軽率なことだと思うのだけれど……。

「自分自身の人生をコントロールできるようにならなくてはいけないのよ」

——わかりました。では、この質問に答えてください。Sタイプの会社とは、そしてCタイプの会社とはどのようなものですか？　その違いは何でしょう？

**Sタイプの会社は、税法によって通常の会社の責任保護が認められている会社のことよ。**でも会社の収入は、経営者の個人所得として税務申告するの。つまり、経営者個人の評価で課税されるわけね。

**一方、Cタイプの会社は独立した法人のこと。**Cタイプの会社では、経営者とその所得税申告書は会社とは切り離されているの。会社は独立した存在で、独自の所得税申告書を持ち、独自の評価を受けるのよ。

みんなはこう言うわね。「Cタイプの会社を持つのはむずかしい。二重に課税されてしまう」

でもそういったことは、教育や理解、法律や税金のカウンセラーからの適切なアドバイスがあればなんとかできることばかりなの。

トロイは小さな会社を持っていて年に一〇万ドルの収入があるのだから、Sタイプの会社の形態が彼には合っているかもしれないわね。

でも、彼はその小さな会社をフランチャイズにして、全国展開することもできるのよ。

あるいはCタイプの会社にすることで、このタイプの会社でしか利用できない付加給付を従業員に与えることもできる。

トロイにとって必要なのは、自分自身のプランが何かを知ることだと思うわ。目標は何か。自分の将来はどのようなものか。それから、どの会社形態が自分にもっともふさわしいか、適切なアドバイスをもらうといいでしょう。


ところでシャロン、「なる（be）、する（do）、持つ（have）」の概念について話していただけますか？　あなたは今、わたしたちの既成概念をことごとく、くつがえしています。


「なる－する－持つ」とはどのような意味なのですか？

これはわたしのお気に入りの公式の一つなの。とてもシンプルな公式よ。

まず、**金持ちに〝なる〟ためには、金持ちの考え方を学ばなければならない**ということ。

心も金持ちにならなければならないの。つまり、金持ちの心構えを持つということね。

**それができて初めて、金持ちがするようなことを〝する〟**のよ。著書の中では、金持ちがどんなことをするのか説明してあるわ。このシンプルな公式の順番に従えばいいのよ。**そうすれば、金持ちが持っているものをあなたも〝持つ〟ことができるようになる。**

たいていの人は最後から始めようとするの。つまり、仕事を得たら、出かけていって、高級車を買う。大きな家も買う。〝なる－する〟を飛び越えて、すぐに〝持つ〟に行ってしまうの。そうやって、あらゆる贅沢品を手にするけれど、同時にたくさんの借金と負債も抱え込むことになる。

こうした人たちは負債を資産だと思って買っているのよ。

『金持ち父さん貧乏父さん』『金持ち父さんのキャッシュフロー・クワドラント』『金持ち父さんの投資ガイド（入門編・上級編）』と話してきました。

今日この放送を聴いているすべての親のために、『金持ち父さんの子供はみんな天才』も刊行されました。これはどのような本ですか？

---

**子どもはみな生まれつき金持ちで賢い。**これがわたしたちの哲学なの。

親は、自分の子どもがファイナンシャル・リテラシーを学び、身につけるのを助けることができるのよ。

**早く始めれば始めるほど、それだけ早く成功することができるの。**

世界はつねに変化しているのに、わたしたちの教育システムがそれについていっていないことは、周知の事実よね。この情報時代にあって、教育システムはわたしたちが知るべきことを教えてはくれないのよ。

リスナーのみなさんの何人が学校でお金について学んだかしら？　そんなに多くはないはずよ。

この本を書いたのは、実際、ロバート自身がそのことに欲求不満を感じていた子どもだったからなの。

彼は学校が嫌いだった。大嫌いだったの。だから、従来の方法では学ばなかった。わたしには子どもが三人いるけれど、学び方はほんと、その子によってさまざまよね。にもかかわらず、わたしたちの教育システムは単一的なものなの。

すばらしいシステムだとは思うわ。子どもたちが教えられる通りに学んだとすればね。

けれど残念ながら、経験的な学びを必要としている子どもたちが大勢いるの。そうした子どもたちには、引っ張ったり、触れたり、感じたりする経験が必要なのよ。

そして今日の世界で成功するためには、子どもたちはお金について学ばなければならないの。

**お金は人生のスキルよ。**

わたしたちは子どもたちにビタミンについて教えるし、エクササイズも教える。なのに、お金については教えない。

自分の子どもがビルの管理人になろうと、CEOになろうと、大統領になろうと、不動産投資家になろうと、人生でどんな選択をしたとしても、お金の扱い方を学ぶ必要があるのよ。それは人生のスキルなの。

幼いうちにわが子にファイナンシャル・リテラシーを教えたいと思っている親のために情報を提供できることは、わたしたちの願いであり、目標であり、使命でもあるのよ。

――さて、シャロン、親から子へ教育とファイナンシャル・リテラシーを伝授するために最初にとるべき行動は何ですか?

**〝認識〟そして〝ボキャブラリー〟ね。自分のまわりの世界に気づかせること。自分は天才なんだと理解させること。支えてあげること。お金について話すこと。**

請求書の支払をする際は、子どもにも見せて理解させること。一緒にマクドナルドへ行ったら、店を題材にお金やビジネスのしくみについて教えること。

そうした体験をさせることで、子どもは認識を深めることができるでしょう。マクドナルドで使われるストローだけを製造している会社があるのよ。ほかにも看板だけ、金色のアーチだけを造っている会社もあるの。

こうして自分のまわりの世界と、お金を稼ぎ、ビジネスを生み出すには信じられないくらい多くの方法があるという事実に気づくようになるのよ。

---

シャロン、残り時間が少なくなってきました。いくつか質問をしますので、手短に要点のみ答えていただけますか？　いかがでしょう？

もちろん、いいわよ。

---

世界中の人々が、ロバートやあなたのセミナーに参加しています。オーストラリアからメーン州まで、ありとあらゆるところからです。

どうやら人々は、ロバート・キヨサキにすっかり夢中のようです。

あなたの目から見た、彼の人となりについて少し話していただけますか？

ロバートはすばらしいコミュニケーターよ。

彼には複雑なテーマ、たとえば会計や財務や財務諸表といったものでも、理解しやすいよう簡単に説明できる能力があるの。絵や実例や逸話を利用したシンプルな形でね。

彼は卓越したコミュニケーターであり、ギフトよ。

彼の製品、彼の教育もギフトなの。人々がそれを利用して幸福になってくれればいいと思うわ。そうした人たちからの喜びの声を聞くだけで、わたしたちは幸福なのよ。

知り合いの会計士たちからよくこんな電話をもらうの。

「実にわかりやすかった。お金のことに関しては今まで知っているとばかり思っていたけれど、今本当の意味で理解できた。なぜなら、君がとてもシンプルかつ基本的な形で説明してくれたからだ」

---

あなたは〝B－Iトライアングル〟について触れていますね。あれはとても興味深いものです。B－Iトライアングルとは、正確にはどのようなものですか？ また、どのような意味を持つものなんですか？

**B－Iトライアングルはプランよ。**

自分のビジネスを築きたかったら、それが一件の不動産であろうと、賃貸不動産であろうと、フォーチュン五〇〇社の数百万ドル規模の企業体であろうと、町角のホットドッグスタンドであろうと、やはり基本的な要素が必要なの。

**チーム。**

**リーダーシップ。**

**ミッション（使命）。**ミッションはとても重要よ。

**これら三つがB－Iトライアングルを取り巻く三つの柱になっているの。**

そして、**B－Iトライアングルの内部は五つの異なる階層から成り立っている。**それらの階層はすべて成功している会社の内側にあるシステムなの。その五つはすべて相互に関係し合っているのよ。最下層は、何だと思う？

## 「子どもはみな生まれつき金持ちで賢い」

――勤労所得ですか？　正直、自信がないな。

**最下層はキャッシュフロー管理よ、**マイク。（笑）

――そんな質問しないでくださいよ。（笑）

（笑いながら）**〝キャッシュフロー管理〟は酸素のようなものよ。体にとっての血液とも言えるわね。**

どんなビジネスも人間に似ているの。あなたが誰であろうと、お金を理解できなければならないのよ。それがキャッシュフロー管理なの。

**そのすぐ上はコミュニケーション管理。**客とうまく会話ができなければならないし、自分がビジネスをしていることを世間に伝えなければならないからよ。また従業員とも打ち解けて話ができなければならない。あなたに投資してくれている人々ともね。

**その上がシステム管理。**どの会社もさまざまなシステムからできていて、それが壊れたら、内部崩壊してしまう。とてもすばらしい製品を持っていたとしても、需要に十分対応できなければ、どうなるかしら？　会社は倒産するでしょうね。それを最後までサポートするシステムが築けなかったわけだから。

――では、最後に〝法律面の管理〟について説明してください。

わかったわ、法律に関するものね。人はこんなふうに言うわね。「弁護士なんて」って。でも、優秀な弁護士もいるのよ。

たとえば知的財産権について言えば、これによって、自分のアイデアをほかの人に利用されることから守ることができるの。ほかの人々の参入を防ぐことができるから、市場での自分のシェアを守ることもできるのよ。というのは、あなたのアイデアは厳密に保護されるからなの。これはとても重要なことよ。

それに、あなたのために働いてくれる人々としっかり取り決めをしておくことで、アイデアを盗まれることもなくなる。

**法律はとても重要なものなの。人は「弁護士を雇うお金なんてない。高すぎる」と言うけど、雇わないときのほうが高くつくことも多いのよ。**

――シャロン、とうとう終わりの時間が来てしまいました。〝マイク・リットマン・

――ショー〟にご出演いただきありがとうございました！
マイク、こちらこそお礼を言うわ！　あなたって最高よ。

**●シャロン・レクター**
大ベストセラー『金持ち父さん』シリーズ共著者。公認会計士、経営コンサルタントである。三児の母であり、子どもを愛している彼女は、子どもにとって学校教育と同じように大切なのは、お金について学ぶことだと考えている。

ロバート・キヨサキとの共著である『金持ち父さん』シリーズには、『金持ち父さん　貧乏父さん』『金持ち父さんのキャッシュフロー・クワドラント』『金持ち父さんの投資ガイド　入門編』『金持ち父さんの投資ガイド　上級編』『金持ち父さんの子供はみんな天才』（すべて白根美保子訳、筑摩書房）などがある。

「事業を立ち上げる真の目的は、
会社を売却することだ」

# 第7章 マイケル・ガーバー

# 「成功しているビジネスは、経営者が不在でも機能する」

わたしは今夜、興奮しています！　なぜ、そんなに興奮しているかって？　なぜ、わたしの情熱がマイクロフォンからほとばしっているかって？　よーく、よーく聴いてください。なぜなら、今夜の番組はスペシャル版だからです。今夜このスタジオに、何百万部も売れているベストセラー本の著者が生出演してくれるのです。本のタイトルは『E神話（The E-Myth）』。この本と著者はアメリカ中に絶対的な革命を引き起こしています。その革命はスモールビジネス、ホームビジネスの分野で起こっています。人生を変えることは、ビジネスを変えることなのです。

〝E神話〟はあなたの中にいる起業家を目覚めさせようとしています。今夜はこれから、「E神話とは何か？」「E神話マネジャーとは？」「E神話コンサルタントとは？」「E神話アカデミーとは？」といったことについてお話をうかがっていきたいと思います。

――マイケル・ガーバー、〝マイク・リットマン・ショー〟へようこそ！

やあ、マイク。

――世界中の人々が『E神話』に魅了されています。しかし、まだそれを知らない人たちもいます。そこで、おたずねします。「E神話とは何ですか？」

**E神話とは〝起業家《アントレプレナー》の神話（entrepreneurial myth）〟という意味だよ。ようするに、ビジネスを始める人々のほとんどが、本質的にはみなが考えるような〝起業家〟ではないということなんだ。わたしに言わせれば、起業家熱に浮かされた〝職人〟だね。**つまり、誰もが自分の立ち上げた会社に仕事をしに行き、自分のために仕事を創出しているにすぎないんだよ。そしてそれは突然、この世で最悪の仕事になる。というのも、彼らは〝狂人〟のために働いているからだ。

――その狂人とは誰のことですか？

自分自身のことだよ。自分のビジネスを持っている誰もが、とにかく忙しく働きづめで、一日一二時間、一五時間、一八時間も脳みそをしぼっている。家に帰っても眠れず、夜中に起き上がる。彼らは仕事に戻らなければならない。仕事をしなければならない。とにかくお金を稼ぐために、売って、発送して、仕事を処理しなければならないんだよ。ほかのことなど考える余裕もない。

事業が働くんじゃなくて、彼らのほうが働くんだ。**ようするにスモールビジネスの問題は、事業が働かないことだ。それを所有している人々が働くんだよ。彼らは仕事の仕方を間違っているんだ。**

あなたのお話の魅力的な点は、ビジネスの真の目的について語っていることだと思います。なぜ、人は起業すべきなのでしょうか？　ちょっと説明していただけますか？　つまり、どんなふうに事業を利用すれば、人生を向上させることができるのですか？

---

**事業を立ち上げる真の目的は、会社を売却することだ。**すなわち、起業したければ、何よりもまずしなければならないことは、こう自分に問いかけてみることなんだ。「ど

うやってこの会社を売ったらいいだろうか？」

自分の事業を持ち経営している人たちはたいてい、「将来どんなふうにこの会社を売ろうか」などとはこれっぽっちも考えない。つまり、彼らは起業家としてビジネスを始めていないんだよ。**起業家なら、いつ自分の会社を売るか最初から考えているものだからね。**

公募し、買い手を見つけ、そして必要な資本金を手に入れるんだ。ビジネスを拡大し、複製し、成長させ、世界的なものにするのに必要な資本金をね。

ほとんどの人々が、これらのことをやっていないんだ。

---

すごいですね！　実に興味深い話です。では、今日の起業に関する割合について見てみましょう。ビジネスの実に九五パーセントは廃業に追い込まれるそうです。一〇のうち八つが失敗します。フランチャイズに関しては、これについてはこのあととすぐ取り上げますが、成功しています。

職人がビジネスを始めるということでしたが、職人とはどういうものですか？

---

**職人はテクニシャンのことだよ。**車を直し、何かを売り、何かを作り、何かをする。

すなわち、毎日毎日ほかの誰かのために何かをし続ける人たちのことだ。彼らは上司のために働いているが、そのうちの何人かは、ある朝目覚めてこう思う。「わたしはこの仕事を何のためにしているんだろう？　誰にだってビジネスを経営することはできるじゃないか。どんなまぬけだってできているんだから。わたしの上司がまさにそうだ。自分もやってみようか？」

そうして整備工は自動車修理のビジネスを、グラフィックデザイナーはグラフィックデザインのビジネスを、弁護士は法律事務所を始めるんだ。**その誰もが、わたしの呼ぶところの〝致命的な思い込み〟をしている。その思い込みとは、あらゆるスモールビジネスの背後にある、仕事のやり方さえわかれば、その仕事を事業内容とするビジネスの築き方もわかるというものだ。だがそれは、真実とは一八〇度異なる考えなんだよ。**

---

そうなんですか。それでは、そうした人々のビジネスの始め方は間違っているわけですね。

ならば、起業家が最初にとるべき行動とは何ですか？　起業家はどんな考えを持つべきなんでしょうか？　ビジネスを適切に立ち上げるためには、どんなことを自分に問いかけるべきなんでしょうか？

そうだね、まっさきに自問すべきは「わたしの望みは何だろう?」という質問だろうね。これは、ビジネスに関して言っているのではないよ。そうであってはダメなんだ。ビジネスは退屈なものだからね。そのことを理解しなければならない。**いいかい、それをわたしは「C. O. D (crap out date)」と呼んでいる。つまり、〝自分が死ぬ日〟のことだよ。人はいつか死ぬ。だから、自分が〝死すべき運命〟にあることを理解しなければならないんだ。わたしは生き、そして死んでいく。こうやって生きながら、一秒一秒ごとに死ぬ日へと近づきつつあるんだよ。**

だから、真の質問は「どんなビジネスに携わりたいか?」ではない。わたしが『E神話』の中で述べている、真の、何よりも重要な質問とは、**「わたしの第一の目標とは何だろうか?　自分が生きたいと思う人生のビジョンとは、どのようなものだろうか?生きているあいだに本当に望むものを手に入れられる人生とは?」**というものだ。

---

マイケル、「起業することで人生のために何を達成したいのか?」という問いかけは実にユニークですね。スモールビジネスがアメリカ中で失敗する理由は、起業の仕方が完全に間違っているからだと言っていいですね?

そうだよ。彼らの起業の仕方は完全に間違っているんだ。彼らは間違った理由で起業する。上司から逃れるためだ。

そして誰にも指図を受けないで済むようになると、〝狂人〟のために働き始めるんだよ。彼らは多忙を極め、会社の中の取るに足りないことにまですべて脳みそをしぼる。実際、それは彼らがするべきこととはまったく〝正反対〟のことなんだがね。

---

ここまで、〝E神話〟について詳しく説明していただきました。しかし、今この放送を聴いている人の中にはこんなふうに言う人もいると思います。「マイケル、何か実例を挙げてください。もっとはっきりわかるように説明してください」

あなたは一九五二年に起こった、あるできごとについて述べていますね。その逸話はわたしだけでなく、アメリカ中の無数のビジネスオーナーの考え方に変化をもたらしました。一九五二年に、ミルクシェイクを作る機械を売っていた人物の身に起こったできごとです。ちょっと話していただけますか？

いいとも。それはレイ・クロックのことだよ。彼はマクドナルドの創業者だ。

レイ・クロックは実際のところ、典型的な起業家的思考の持ち主だった。もちろん、フェデラルエクスプレスのフレッド・スミスや、ボディショップのアニータ・ロディックもそうだよ。

こうした人々は、起業する他の多くの人々とどんなふうに考え方が違っているのだろうか？　**レイ・クロックは、マクドナルドというビジネスを自分の商品として見ていたんだ。**

――ちょっと待ってください。ビジネスを自分の商品に、ですか？

**〝ビジネスは自分の商品〟なんだよ。** 事業は起業家の商品なんだ。ハンバーガーでも、フライドポテトでもない。マクドナルドと呼ばれる〝企業〟は商品なんだよ。

そんな考え方で、レイ・クロックはマクドナルドを築き上げた。仕事の場にするのではなく、ね。いくつ店舗を開店させようと、望む結果を複製してくれる完全無欠のターンキー・システム［訳注：完全に作動する状態で引き渡されるシステムのこと］をつくり出すために。

フェデラルエクスプレスが何台トラックを通りに走らせようと、それがどこにいようと、その小さなシステムが完全に予想可能な方法で機能している限り、フレッド・スミスはこう約束することができるんだ。「絶対に、確実に、荷物を一晩で届けたければ、わたしどもに電話してください。そうでなければ、郵便局へどうぞ」

これはまさにブレークスルー（突破口）ですね。たしかトム・ワトソンの言葉が『E神話』の中に載っていましたね。いわゆる〝IBMの神秘〟として知られているものです。従業員の制服。作業手順。トム・ワトソン。レイ・クロック。

今放送を聴いている人の中にはこう思っている人もいることでしょう。「レイ・クロックに、マクドナルド。でも、わたしはカーペットの清掃係だ。わたしは弁護士だ。このような場合はどうやって前進すればいいいんだろう？」

こうした人々に何かアドバイスはありますか？

---

わたしが言っていることは、「基本的に何をすべきか」ということで、自分の会社をどんな業種にするか、つまり、法律関係にするのか、グラフィックデザインにするのか、請負業にするのかということはあまり重要ではないんだ。**真にやるべきことは、起業家の仕事であり、組織を築くことであり、自分の会社を世界中のどの会社とも差別化できる、システムをつくり上げることなんだ。なぜならそうしたシステムは、いつでも確実に機能してくれるからね。**

こうして、レイ・クロックのように**「わたしのビジネスは商品だ」**と理解できたなら、会社を次のステップに持っていき、今度は**「わたしのビジネスはブランドにならなければならない」**と理解することだ。

---

すごいですね！　今のお話を聴いて、みんなのけぞって頭から落っこちてしまいましたよ！　レイ・クロックやフレッド・スミスの例は、ビジネスを成功させるための画期的な方法と言えますね。

リスナーの皆さん、よく聴いてください。あなたに理解してもらいたいことは、マイケル・ガーバーと『E神話』は、あなたに自分のビジネスをまったく異なる視点、異なる側面からとらえさせてくれるということです。

---

## 「〝ビジネスは自分の商品〟なんだよ」

自分のビジネスを異なる視点から見てもらったところで、今から実に興味深いことをお教えしたいと思います。それは、レイ・クロックが使った絶対的な秘密であり、絶対的なテクニックです。あのビル・ゲイツやフェデラルエクスプレスのフレッド・スミスも使っています。あなたもこれを使えば、自分のビジネスにとてつもない変化を引き起こすことができます。わたしが何の話をしているかわかりますか？わたしが話しているのは、とてもパワフルな、あなたのビジネスにおびただしい影響を与えるもののことです。それは、〝ストーリーを語る〟ことの重要性です。

マイケル・ガーバー、語るべきストーリーを持つことはどうして重要なんですか？

---

それは、誰もがその会社のストーリーに関心を持っているからだよ。誰もがストーリーを聞きたがる。そして彼らが聞きたいのは偉大なストーリーなんだ！　だから、**偉大な起業家は、偉大なストーリーを語るものなんだよ。**

偉大なストーリーとはつまり、自分の会社のストーリーのことだ。どんなことをする会社かというストーリー。それをどんなふうにおこなうかというストーリー。なぜほかの誰かの会社でなく自分の会社に結び付いているかというストーリー。これこそが、スモールビジネスのオーナーたちが一人残らずしなければならないことなんだよ。

彼らは自分たちのストーリーを生み出さなければならないんだ。生み出したら、語って、語って、語りまくろう。この会社で働きたいと言ってくる人々に、取引先の銀行員に、納入業者に、顧客に、相手が誰であろうと、ストーリーを語ることができなければダメなんだ。毎晩家に帰ったら、子どもたちに、妻に、夫に語らなければダメなんだ。そのためには、ストーリーを語る練習をする必要がある。

**ストーリーテラーが世界を回しているんだよ。**

---

この口を使って、実に前向きなサービスができるわけですね。わたしたちはとてつもない財産を持っているわけですね。

きっと今、リスナーの中のスモールビジネスやホームビジネスのオーナー、起業家のみなさんはこう思っているはずです。「これは革命的だ。これはブレークスルーだ」

彼らは自分たちのビジネスをどんなふうに見ればいいのでしょうか？　ストーリーを語り始めるのに利用できるアイデアは何かありますか？

そうだね、彼らは自分のビジネスについて考える必要があるね。

リスナーのみなさん、あなたはこう自分に問いかけなければならない。「成長したあかつきには、わたしのビジネスはどんな姿になり、どんなふうに感じられるものでなければならないか？」と。どうか理解してほしい。さっき言ったことを思い出してほしい。

**「事業を立ち上げる唯一の理由は、それを売ることだ」**

さあ、あたかも今日が創業した日であるかのようにビジネスを始めよう。そしてこう自問してみよう。「成長したあかつきには、わたしのビジネスはどんな姿になり、どんなふうに行動し、どんなふうに感じられるものになるだろうか？　そしてそれを二〇倍の値段で売ることができるだろうか？」

自分の会社をいくらで売りたいだろうか？　一〇〇万ドル？　二〇〇万ドル？　それとも三〇〇万ドル？　誰かに「この会社をぜひとも買いたい」と言わせるには、会社をどんな姿にしなければならないだろうか？

フランチャイジー（フランチャイズ加盟店）希望者がレイ・クロックのところにやってきたとき、彼はこう言った。「この小さなシステムがどのように機能しているか見せてあげよう。〝それ〟は、あなたが機能しなくても済むように機能しているんだよ！　わたしがあなたに売るのは〝仕事〟ではない。何度でも約束を果たせる〝会社〟だ」

フランチャイジーは言った。「買います」

するとレイ・クロックは答えた。「まだあなたには買えない。あなたはまず学校へ行きなさい」

それは何の学校だろうか？　そう、ハンバーガー大学だ。

学校へ行き、システムを管理する方法を学ばなければならない。そしてその方法は、あなたのビジネスにおいてほかの誰とも異なるものでなければならない。そうすれば、人からこう言われる人間になれるだろう。

「あなたがたこそ、あの途方もないことを成し遂げた人たちですね！」

**途方もないことを成し遂げられる唯一の方法は、それをするためのシステムをつくることだよ！**　それこそ、レイ・クロックが理解していたことなんだ。**システムはソリューション（問題解決）なんだよ。**人ではない。世界中にいるすばらしい人々ではないんだ。

**優良企業は非凡な結果を生み出す方法を知っているんだよ。平凡な人々に平凡なことを非凡な方法でおこなわせることでね！**　そのシステム、**「インテリジェント・システム」**は、あなたがそれを実現するためのレバレッジ（てこ）なんだ。

実にわかりやすい説明でした。ようするにマクドナルドは、大卒の学歴を持たない人々によって運営されている一〇億ドルの企業だということですね。それは、ハンバーガーを作るための完璧なシステムが確立されているからなんですね。実に興味深いですね。ハンバーガー大学とは、なんともとっぴなアイデアですね！　ハンバーガー大学か――。

ですがマイケル、正直なところ、今この放送を聴いているビジネスオーナーたちがこれと同じことを手本にできるものでしょうか？　レイ・クロックがやったのと同じタイプのトレーニングができるものなんでしょうか？

---

そこで必要となるのがソフトウェアなんだ。わたしたちはテクノロジー革命の只中にいる。**ソフトウェアはシステムなんだ。**

ソフトウェアは、平凡な人々が決してできない作業を可能にするレバレッジだ。コンピュータは、人がするよりもはるかに速く計算を済ませてくれる。**ソフトウェアは、人々の問題に対する〝システム・ソリューション〟なんだ。**

あなたの会社はあなたのソフトウェアにならなければならない。この場合、業種が何であろうと関係ない。ファイナンシャル・アドバイザーであろうと、トリマーだろうと、世界でもっとも洗練された企業だろうと、ね。重要なのはインテリジェント・システムなんだ。**平凡な人々がインテリジェント・システムを使うことで、インテリジェントな結果を生み出すんだよ。**

実に画期的ですね！　ふつう、企業は非凡な人材を求めているわけですから。非凡な人材。最高の履歴書。あちこちの学校で取得した最高の学位。それを考えると、あなたの発言は驚くべきものですね！　わたしたちはアメリカをひっくり返しているんですよ。マイケル・ガーバー、あなたはアメリカを逆さまにしているんですよ。アメリカは履歴書重視の国ですからね。履歴書、履歴書、これぱっかりです。もし、システムが答えなら、システムがソリューションなら、あなたが主張しているのは、「平凡な人々でも非凡なことができる」ということですか？

---

ちょっと考えてみてほしい。もしそれが本当なら、優良企業で何度でも証明できるだろうし、学歴の高い労働者について言われているすべての考え、より優秀な人間を雇うべきだというすべての考え、会社の資産は毎晩家に帰ってしまうというすべての考え、こうしたものは、真実の前には取るに足りないものでしかないということだ。

真実とは一般人には信じがたいものなんだ。だが理解さえすれば、どんなことでもできるインテリジェント・システムをつくり出せるんだよ。そして従業員にそのシステムの使い方を学ばせることができたら、経済的拡大、経済的爆発、自由について語らせることができたら、それはすばらしいことだね！

---

すごいですね！　わたしはそれが真実だと保証できますよ。

リスナーの皆さん、今の話を注意深く聴いていたなら、あなたはまちがいなく圧倒されていることでしょう。というのは、この番組が今夜放送される理由は、あなたの目を開かせることだからです。今わたしたちはあなたの考えを変えつつあります。あなたの考えはすでに一段引き上げられ、これからさらに数段上げられることになるでしょう。

マイケル、あなたの言う〝ルーティンワークの暴君〟とは、実にユニークな概念ですね。少し詳しく説明していただけますか？　ルーティンワークの暴君とは何ですか？

---

それは、誰もが毎日経験していることだよ。スモールビジネスのオーナーはみな仕事

に行き、事業を大きくする。ビジネスはオーナー次第だ。とにかく、働いて、働いて、働きまくるんだ。

彼らはやり方を知っている仕事ばかりか、知らない仕事まですべてやる。そのために、消耗しきっている。ようするに、事業が彼らの人生を運営しているんだよ。事業が人生そのものになってしまっているんだ。人生と事業はまったく別物であるにもかかわらず、ね。

というより、まったく正反対のものなんだ。**わたしたちの人生こそが事業なんだよ。**わたしたちは機能する人生をつくり出さなければならない。**機能する人生をつくり出すための唯一の方法が、つねに忙しく働けと命令するルーティンワークの暴君から逃れることなんだよ。**

---

## 「ストーリーテラーが世界を回しているんだよ」

それから逃れる方法が、**ターンキー・インテリジェント・システム**をつくり出すことだ。**インテリジェント・システムは、ルーティンワークの暴君の面倒を見てくれるだけでなく、しなければならないことから効果的に遠ざけてくれる、つまり自由を与えてくれるんだ。**

――〝ターンキー革命〟この比較的新しい言葉をちょっと説明していただけますか？

**ターンキー革命とはシステムのことだよ。システムとはソリューションだ。**ＡＴ＆Ｔやレイ・クロックもそう言っているし、Ｗ．クレメント・ストーンも完璧な成功のシステムについて書いている。人生はシステムだし、「世の中」もまたシステムだ。原子も、わたしたちの体も、今こうして君と結んでいる人間関係もまたシステムだ。この放送を聴いてくれているリスナーのみなさんもシステムだ。**あらゆるものがシステムなんだ。**

だからこう自分に問いかけるべきなんだ。「木々の茂みの中の暮らしをいかに超越すれば、森よりも高く成長し、自分の生き方を見つけることができるだろうか？」

わたしたちはそれを超越しなければならない。そしてそれを超越するとき、今の生き方に終止符を打つんだよ。

最高ですね！　完全なるブレークスルーだ！

ところでマイケル、『E神話』では、五〇〇〇にも複製することのできる「フランチャイズの基本形」について書かれています。ここで、それについて教えていただけますか？


---

わたしたちは「E神話アカデミー」で過去二〇年間、一万五〇〇〇以上のスモールビジネスにコンサルティングをおこなってきた。顧客は世界中にいるよ。イギリス、オーストラリア、ニュージーランド、カナダ、それにアメリカのあらゆる州にね。そのすべての会社のオーナーがもとは働きづめだった。さっき言ったように、ルーチンワークの暴君に消耗させられていたんだよ。

彼らはある日突然、もっといい方法があるはずだ、と気づいた人々なんだ。そしてそのよりよい方法とは、自分の事業を築き上げることなんだよ。そこで働くのではなく、ね。それには、**自分の「フランチャイズの基本形」をつくることが必要なんだ。**

これこそ、わたしがすべてのスモールビジネスのオーナーに言っていることだよ。会社がどこにあろうと関係ないんだ。どんな業種であろうと、どんなふうに運営していようと、景気がよかろうと悪かろうと、従業員が二人だろうと、一人だろうと、三〇〇人だろうと、五〇〇〇人だろうと、ね。

ルールはまったく普遍的なものなんだ。使えば必ず機能する。**スモールビジネスのオーナーは今日から自分のビジネスを築き始め、自分のフランチャイズの基本形を、つまり小さなターンキー・システムをつくり上げなくてはならない。**そうすればそれを五〇〇〇回複製することをイメージできるようになる。まったく同じものを五〇〇〇以上展開することができるんだ。まさにレイ・クロックがやったように。フェデラルエクスプレスがやっているように。ターンキー革命を理解している誰もがしているようにね。**毎日そこに通勤するのではなく、事業を築き上げることを考えるべきなんだよ。**

――レイ・クロックやフレッド・スミスの話が出ていますが、あなたはご自分のテープの中で美容院経営で飛躍的に成長した会社、スーパーカッツについて触れていますね。この会社は今あなたが説明した通りのことを実践したんですか?

その通りだよ。

実際、スーパーカッツを創業した人物からすばらしい話を聞いたことがあるよ。

この男性はトラックの運転手だったんだが、あるとき中年の危機を迎えてね。そこで理美容学校へ入り、ヘアカットの技術を学んだんだ。彼は学校で唯一の男性で、身長は二メートルもあったが、若い女性たちに混じって勉強していた。彼はそれまでひたすらトラックを運転するだけの生活だった。けれど、理美容学校に入ってヘアカットを学んでいるあいだ、ずっとこう考えていたんだ。「きっとこれよりもっといい方法があるはずだ。絶対にあるはずだ」ってね。そして彼が実行したことは、スーパーカッツのシステムの設計だったんだよ。

システムが完成したとき彼はこう思った。「これこそが誰にも真似できない自分の会社独自のやり方だ。これこそ自分の会社そのものだ」

スーパーカッツのシステムをつくり出したことで、彼はまったくの初心者にヘアカットを教えることも、そのあと雇うこともできるようになった。**〝誰にも真似できない自分の会社独自のやり方〟つまりここで問われているのは、「自分の会社ならどんなふうにするか？」ということだよ。**

---

実に革命的ですね！　その会社はレイ・クロックに倣って、〝スーパーカッツ大学〟をつくったわけですから。ヘアカットといえば、あるレベルの専門技術が要求されるものです。しかし彼はこれを、実にすばらしい基礎科学にしてしまったわけ

ですね。

今この放送を聴いている人の中にはこんなふうに思っている人もいるでしょう。「これはすごい。でも、こんなことを自分でするにはどうしたらいいんだろう？　どんなことをする必要があるのだろうか？」

あなたが言う〝イノベーション（革新）、修正、統合〟について話していただけますか？　リスナーのみなさんにわかりやすくお願いします。


---

いいよ。だが一つ言わせてほしい。実際に自分に問いかけてみなければならないのは、次のような問いだ。これはわたしではなく、バーカーという人物が考えたものだ。「実行するのは不可能だが、もしそれを実行できたら、即座に自分の会社が変化するようなことを一つ挙げるとしたら、それは何か？」

これはスーパーカッツの経営者が自問した質問でもあるんだ。「実行するのは不可能だが、もしそれを実行できたら、即座に自分の会社が変化するだけでなく、その過程で自分の人生をも変えるようなことを一つ挙げるとしたら、それは何か？」

わかってもらえただろうか？


**平凡なことをする、非凡なスモールビジネスをつくり出すというこのアイデア全体**

**は、どんな業種にも、どんな会社にも応用できるものなんだ。すばらしく非凡な会社である必要はないんだよ。どんな会社であってもかまわないんだ。まさに今、ばかげた仕事をやり続けている会社であればどんな会社でもいいんだ。**

「このばかげた仕事を非凡なやり方で処理するにはどうしたらいいのだろう？」

それにはまず、不可能な質問を自分に投げかけることだ。「これを実現するにはどうしたらいいだろう？」

たとえば、診療所を例に挙げよう。診療所に行ったらどんなことが起こるだろうか？ 待つんだよ。そうだろ？ 誰もが待っている。だから、待合室があるんだよ！ 医者が自分に問いかける不可能な質問とはこうだ。「どうしたら患者のために予約をすべて約束した時間通りにこなすことができるだろうか？」

どんな診療所でもこれは可能だ。マイク、どんな請負業者でもこれができるんだよ。造園業者でも、トリマーでもね。**誰であっても顧客の期待を完全に理解することが可能なんだ。**どうすればいいかと言えば、システムを使えばいいんだよ。そうやって自分でつくり出した方法こそが、イノベーションであり、修正であり、統合なんだ。君がたずねた質問だよ。

――つまり、イノベーションとは何かをつくり出すことなんですね。

ようするに、**ありきたりのことをするための新しいやり方をつくり出すことだよ。**ありきたりのやり方でできる新しいことを発見することじゃないんだ。わたしが言っているのは、新しいやり方でありきたりのことをするということだ。**早く、きれいに、確実に。これこそが成功の秘訣であり、それを可能にする唯一の方法がシステムをつくることなんだ。平凡な人々が非凡なシステムを使ってね。**

――ドミノピザは、30分以内に届けて、数百万ドルの利益を上げています。創業者のトム・モナハンは、その概念の背後に君臨する真の権威者ですね。

まったくその通りだよ。

――興味深いですね。さて、イノベーションをして動き出し、仕事を続け、すべて正しいやり方でやっているとします。では、そのやり方が機能しているかどうかはどうしたらわかるんですか？

それは、結果を生み出しているかどうかでわかるよ。君はそれを数値化している。実にいい質問だね、マイク！

君は数値化しているんだよ！

そうやって、効果的に別のやり方を見つけ、どんなことが起こるか計算し、影響力を数値化するんだ。

そうすれば、売上が一四パーセントは伸びる。新しいやり方を数値化したら、次は何をすればいいかわかるかい、マイク？

――その前に、マイケル、〝統合〟について教えていただけますか？

## 「平凡な人々がインテリジェント・システムを使うことで、インテリジェントな結果を生み出す」

〝**統合**〟だね。いったんイノベーションをおこなったら、いったんありきたりなことをするための新しい方法をつくり出したら、いったんそれが会社の生産性を絶対的に向上させることを数値化したら、次にすべきことは誰もしていないことだよ。つまり統合だ。

この場合、口を慎む必要はない。自分のビジネスの運営レベルにおける選択であり、そのことを理解しなければならない。

だから優良企業を所有している非凡な経営者はみな、誰も言う勇気のない一つの言葉を口にするんだ。「自分のやり方こそがもっとも重要だ」と。

それはなぜか？　機能するからだよ！

そしてこれこそが、わたしたちをほかのすべての人と差別化するものなんだよ。

つまり**統合とはシステムをまとめ上げ、何か機能するものを見つけたなら、会社の誰もがまったく同じようにその仕事ができるようにすることなんだ。それが〝ブランド〟と呼ばれるものなんだよ。**ほかの誰のでもない、自分たちのブランドだ。そしてそれこそが、ビジネスを非凡なものにするんだよ。


---

今のお話で思い出したのは、キンコーズに行って、たくさんコピーをとるときのことです。たいてい店員は制服を着て、同じような言葉で接客します。彼らはコ

――ピーサービスを次のレベルに上げるブランドを持っているんですね。ところで、あなたは〝ビジネスにおけるパワーポイント〟と呼ばれるものについて述べていますが、それはいったいどのようなものなのですか？

**ビジネスにおけるパワーポイントとは、「世の中」の中心に存在する強力なエネルギーを表現したくて、わたしが名づけた言葉だよ。**

「世の中」の中心にある強力なエネルギーと、自分の会社が「世の中」の中心にある様子を想像してみてほしい。そして人々がその強力なエネルギーを効果的に人生に取り入れ、感じ、味わい、愛したり憎んだりしているところを想像してみてほしい。

わかるかい？

**強烈な経験はパワーポイントなんだよ。**それは、優良企業ならどこでも持っている特徴なんだ。それは、その会社での生き方であり、ブランドなんだ。完全に自分のもので、そして機能する、ビジネスのやり方なんだよ。

――すごいですね！

あなたは〝現実的な理想主義者〟について触れていますが、これは何ですか？

**現実的な理想主義者とは、起業家のあるべき姿だよ。**起業家は、決して非現実的な世界に住むことはない。それはつまり、わたしたちはみな非現実的な世界に住んでいるということだ。わたしたちはみな空想の世界に住んでいるんだ。

だが、現実的な理想主義者はこんなふうに考える。「現実の世界で機能しなければ、実用的でなければ、それは役に立たない。より高度で、途方もなく特別な目標を目指すものでなければ、気にかける必要もない」

これこそ、優良企業が優良企業たるゆえんなんだ。彼らは平凡なことを、非凡なやり方でしている。それは彼らが、ひたすらすぐれた人材を追い求めるのとはまったく正反対の視点で、システムを構築しているからなんだ。

フェデラルエクスプレスが敏捷な人間だけを雇うなんてことが想像できるかい？ つまり、足の速い人間や優秀な人間だけを。非凡なことをするために非凡な人間を雇うということだよ。

――そして彼らが非凡なことをしたとき、別の会社が彼らにもっと高い給料を提示して、引き抜いていくんですよね！

その通りだよ！　資産は毎晩家に帰ってしまうからね。

――あなたには平凡な人で十分なんですね。非凡なことをする平凡な人々のことですね。

**わたしたちはみな平凡な人間なんだよ。**

――わたしは今『E神話マネジャー――なぜマネジメントは機能しないのか、そしてそれにどう対処すべきか（The E-Myth Manager: Why management doesn't work, and what to do about It)』にすっかりはまっています。一つおたずねしたいのですが、この本は何に関するものなのですか？

この本は、わたしたちが多くの会社やビジネスオーナーたちにコンサルティングした経験を書いたものだよ。彼らはわたしたちのユニークですばらしいプログラム「E神話マスタリー」を使ってビジネスを築き始め、平凡なことを非凡なやり方でおこなっているんだ。システムによるソリューションは、スモールビジネスのオーナーたちに多くのビジネスの専門知識をもたらしてくれる。それを知るたびにオーナーたちはたずねてくるんだ。「これはいいですね。でも、うちのマネジャーにこれをどうやって実践させたらいいんですか?」

だからわたしは答える。「あなたはマネジャーに何も実践させることなどできませんよ。平凡なことをするための非凡な方法を学ぶことによってしか、すぐれたマネジャーにはなれないことに気づくべきです」

たいていのマネジャーは、それにはどうすればいいのか教えられたことがないんだ。じつのところ、わたしは人々がこんな質問をしてくるたびにうんざりしていた。それでとうとう「わかりました。本を書きましょう」と言ったんだ。

わたしは、E神話的考え方をどうビジネスオーナーに、マネジャーに、職人に応用すれば、すべての人に理解してもらえるだろうか、と考えているよ。

――あなたはビジネスを変えようとしているわけですね?

その通りだよ。だがそれを達成できるのは、人々の考え方を変えることによってだけなんだ。**情熱じゃない、考え方の問題なんだよ。いかにして自分の考え方を超越するか**

**ということなんだ。**

ロビン・ウィリアムズ主演の『いまを生きる』を覚えているかな？　教師役のロビン・ウィリアムズが生徒たちにこんなセリフを言うシーンがある。「みんな、机の上に飛び乗れ。さあ、飛び乗るんだ。そこから見ると世界は違って見えないか？」

そこから見ると自分の会社は違って見えないだろうか？　自分の仕事は違って見えないだろうか？

――わたしの記憶が正しければ、彼らはその行動のせいで非難されるんですよね。つまり、自分のビジネスに対する考え方を変えようなどと言おうものなら、周囲の人々には頭がおかしくなったと思われるでしょうね？

誰もがそう思うだろうね！　というのは、ほかの人々はみなビジネスを別の方法でおこなっているからだよ。

――わたしが言いたいのはそういうことなんです。

ほかの誰もがこう言うだろう。「情熱、行動、考え方こそが重要だ」とね。わたしはそれとはまったく正反対のことを言っているんだ。どれもふつうの人には信じられないことばかりなんだよ、マイク。そのどれもがまさに人生を、あらゆるものを放り投げてひっくり返すようなものばかりなんだ。

君とわたしは今とても情熱的に話しているね。だから、人々はこう言うかもしれない。「やっぱりそうだ。この二人が成功しているのは、どちらもとても情熱的だからなんだ」と。そんなことは絶対にない！　情熱とは何の関係もない！　**関係あるのは、「世の中」の基本原理なんだ。**それはどんな「世の中」だろうか？　それはわたしの「世の中」だ。あなたの「世の中」だ。この「世の中」だ。これこそが関係しているんだよ。

---

実際、あなたに夢中になっている人々が大勢います！　彼らはあなたの本を読んでこう思っています。「この情熱を、この使命を分かち合いたい。ビジネスを変化させたい。マイケル・ガーバーだけがこれをうまくやれる」

そしてあなたは「オーケー」と言って、E神話マスタリープログラムやE神話コンサルティングでアドバイスを与えているわけですね。大勢の人々が自分のビジネスにE神話を応用しています。それについてはどうお考えですか？

それはすべてわたしたちの会社、E神話アカデミーに始まるんだよ。わたしたちはもう二〇年もコンサルティング活動をしている。E神話アカデミーをつくったそもそもの理由は、スモールビジネスのオーナーが活用できるようなターンキー・システムをつくるためだったんだ。それも、きわめて低いコストでね。スモールビジネスのオーナーたちが、望めばすぐさま受講できるようなものにしたかったんだ。

わたしにはわかっていたんだよ。今ラジオを聴いているリスナーの誰もが直面する問題を解決してくれるシステムがあることがね。だから、わたしたちはそれをとにかくつくり続けたんだ。全体的なアイデアは、コンサルティング・システムをつくることだった。ほかの人々に驚くべき影響を与えたいと望んでいる、平凡な人々が使えるようなものを。

## 「現実的な理想主義者とは、起業家のあるべき姿だよ」

そして彼らがそれを実現するのを助けてあげられるようなものを。こんなふうにして、わたしたちはE神話マスタリー・プログラムをつくったんだ。それは、あらゆるビジネスにおいてE神話を実践できるようになることを目的とした三年間のプログラムだ。くわえて、E神話認定のコンサルティングもつくったよ。E神話を自分の地元のビジネスに紹介したいと考えている人たちのためにね。

――平凡な人々が非凡なことをするわけですね。

その通りだよ。

――さて、ある男性から質問が来ています。彼の名前はマット、アラバマ州在住です。質問はこうです。「マイケル・ガーバー、自分のビジネスにシステムを構築し始めるのに、起業家がとることのできるもっとも重要な行動とは何ですか？」

こう自分に問いかけてみることだね。**「わたしは人生に何を望んでいるのだろうか？」**自分のビジネスのことは忘れるんだ、マット。それはまったくの時間の無駄だ。だから、ビジネスのことは考えなくていい。これはビジネスとは関係のないことなんだよ。**人生こそが自分のビジネスなんだ。**だから、こう自問しなければならないんだよ。「わたしの望みは何だろう?」と。つまり、わたしが言いたいことは、あなたの第一の目標は何かということだ。

ストーリーをつくるという話をしたのを覚えているだろうか? つまりは、ストーリーを語ることだよ。**わたしたちの人生はストーリーなんだ。**問題はそれを書いているのが自分以外の人々で、自分自身ではないことなんだ。だから、これは、当社のコンサルティングを受ける顧客に、まずはしてもらわなければならない質問なんだよ。

マイク、今夜の放送が終わったあと家に帰ってまっさきにすることは**自分が死ぬ日を思い描いてみる**ことだ。葬式で突然君の声が聞こえてくる。そして参列している人々全員にこう話しかけるんだ。「聞いてください。あなたがたにあるストーリーを語らなければなりません。ほかの誰も、わたしほどうまくこのストーリーを伝えることはできません。わたし以上にわたしのことを知っている人など、いないからです」

君は死んだんだよ、マイク、わかるかい? 自分が死ぬ前に録音しておいたテープを流しているんだ。君は参列者にどんなストーリーを語るだろうか?

いいかい、つまり今日は、残りの人生の最初の日なんだ。なんて使い古された文句だろうか。それもぞっとするような。だがこれは、正真正銘の事実なんだよ！
今夜家に帰って、自分の葬式で流すテープの原稿をこんなふうに書くところを想像してみてほしい。「これから、一人の男のストーリーをみなさんにお話ししたいと思います。彼の名前はマイク。彼は年をとってからでしたが、辛苦のあとに光明を見出しました。そしてその日に、残りの人生を意図的に、まったく意図的に創造する決心をしたのです。これはそのストーリーです」

――そしてストーリーができたら、語って、語って、語りまくるんですね。

語って、語って、語りまくり、あとはその通りに生きるんだ。だが、誰もそうしない。だからアクシデントに遭うんだよ。

――みんな大忙しですからね。

忙しい、忙しい、忙しいってね。かりにそれでうまくいけば、自分の業績にするが、うまくいかなければ、ほかの誰かのせいにするんだよ。

これは、なんともすごいブレークスルーですね！　マットの頭の中のゴジラをひっくり返していますよ。「君が欲しいのは平凡な人々だ。システムこそがソリューションだ」と言いながらね。

---

君の言う通りだよ！

どんなことでも可能な驚くべき方法があるんだよ。問題は、わたしたちが人にばかり焦点を当てて、仕事には当ててこなかったことなんだ。だから、こう自問しなければならない。「でも、その仕事をどうやってすればいいんだろう？」

**経験を超越し、自分たちが機能するのをじっと見守れば、よりよい方法をどんどん発見できるようになる。それこそが、まさにイノベーションなんだよ。**

---

イノベーション。数値化。統合。

マイケル、わたしもあなたのように二〇年かけて、一つのことを伝えることができればいいと思いますよ。この放送を聴いたリスナーに、明日出かけていってこう話してもらえたらうれしいですね。「E神話とはこのようなものなんだ。説明してあげよう」

マクドナルドとキンコーズについては話が出ましたが、今日成功しているビジネスの中に探すべき点をもう一つか二つ挙げてもらえますか?

**成功しているビジネスは、経営者が不在でも機能する。**まさに、そういうものなんだ。わたしたちのE神話アカデミーは機能しているよ。神の祝福を受けてね。わたし自身は一度もそこに行ったことがないんだ。ロングアイランドに住んでいて、そこで仕事をしているからね。わたしたちには世界中にE神話認定コンサルタントの仕事をしてくれる人たちがいて、彼らがE神話を伝え、ストーリーを語り、さらに新たなストーリーを生み出してくれているんだ。そのとてつもない影響力は信じがたいほどだよ。なにしろ、つくるのに二〇年かかったんだから、すばらしくて当然なんだが!

---

あと少しでこの番組も終了です。

非凡なことを成し遂げる平凡な人々。この放送を聴いたあなたは、起業家の神話とは、アメリカの精神とビジネスにおける病にほかならないことに気づいていなければなりません。マイケルがここで話してくれたことは、まさにこれまでの常識をひっくり返すようなことです。

マイケル・ガーバー、リスナーのみなさんにあなたのお話を伝えることができて、喜びでいっぱいです。心からお礼申し上げます。お越しいただき、ありがとうございました。

こちらこそ、ありがとう。

●**マイケル・ガーバー**
スモールビジネス向けの経営コンサルティング会社 E-Myth Worldwide の創設者。E-Myth 社では独自のメソッドを開発し、二〇年間で二万五〇〇〇社以上のスモールビジネスに対してアドバイスを行ってきた。そのメソッドは大企業でも高く評価され、アメリカン・エキスプレス、ソロモン・スミス・バーニー、マクドナルド、ジョン・ハンコック・グループなど多数の顧問先を抱える。『はじめの一歩を踏み出そう』（原田喜浩訳、世界文化社）などの著書がある。

# 「行動するかしないかを決める責任は、自分自身にあるんだよ」

## 第8章　ジム・マッキャン

# 「収益性のことを気にかけてはいけない」

この一〇年間で彼は、ソーシャルワーカーから数店の花屋のオーナーへ、そして今や年間四億ドル以上を売り上げる絶対的な帝国の責任者へと華麗な転身を遂げました。

インターネットを支配し、まさに驚くべきリレーションシップをつくり出したのです。

今わたしの手には一冊の本があります。これは絶対に読むべき本です。手に入れなければならない上位五冊の本の一冊です。タイトルは、『インターネットで花束を！——1-800-フラワーズ、世界一の花屋の物語』。

わたしがひどく興奮しているように聞こえるなら、それは、今まさにここにお招きしようとしている人物のせいでしょう。彼は、自分がそうしたように、あなたのビジネスを次のレベルへと一気に引き上げる情報をたくさんお持ちです。さあ、ジム・マッキャン氏の話にどうぞ耳を傾けてください。彼は、CEOであり、責任者であり、花卉《かき》業界の大物であり、1-800-フラワーズ・ドット・コムであなたが必要とする花を提供しています。1-800-フラワーズ・ドット・コムは実に驚くべき会社です。

では、さっそくお話をうかがっていきましょう。ジム・マッキャン、〝マイク・リットマン・ショー〟へようこそ。

---

やあ、マイク。紹介してくれてありがとう。

---

どういたしまして。

あなたのストーリーに関する多くの事柄とすばらしい著書に、わたしはすっかり心を奪われています。これからの時間の中で、本の内容や、どんなふうにすべてが起こったか、現在はどんなことが起こっているのか、また、今この放送を聴いているビジネスオーナーに伝授していただける秘訣や戦略について、詳しくお話をうかがっていきたいと思います。

いいとも。

――では、まず、あなたの人生に大きな影響を与えたというソーシャルワーカーのお仕事について触れる前に、あなたがフラワービジネスに参入したときのことを話していただけますか？　1-800-フラワーズ・ドット・コムはどのようないきさつで生まれたのですか？

花屋を始めてもう二〇年になるよ。

最初の一〇年は、別のフルタイムの仕事と兼業していたんだ。わたしの最初のキャリアはソーシャルワーカーだった。十代の少年たちのための施設を運営していたんだ。ほかにも別の養護施設をいくつか運営していたよ。

それはわたしにとって初めての職だったんだが、最初はあまりうまくいかなくてね。でも慣れてくるにつれて、仕事に強い情熱を感じるようになっていったんだ。仕事に愛情を感じ、深くかかわってもいた。それはまさに生きがいを感じられる仕事だったんだ。朝が来るのが待ち遠しいほどで、その仕事はわたしの人生を完全に飲み込んでいた。実にやりがいのある仕事だったよ。考えられる限りあらゆる点においてね。

その仕事のおかげでわたしは成長できた。自分自身についても教えてくれたし、自分が世の中に貢献していることも実感させてくれたしね。

だが、一つだけ報われないことがあった。給料が安かったことだよ。ソーシャルワークは利益のためにするものではないが、まさにその通りだったんだ。やがてわたしは結婚し、三人の子どもができた。だからわたしは当時、家族にできる限りいい生活をさせてやらなければならなかったんだ。子どもというのは実に奇妙なことを要求するものだからね。食べ物を欲しがるし、学校にも行きたがるし、服も買いたがるだろ。

そんなわけで、わたしはいつも何か副業をしていたんだ。

わたしは塗装請負人の息子としてブルックリンとクィーンズで育った。家業を手伝いながら育ったから、きつい仕事をたくさんすることには慣れていた。それに、わたしはつねに副業を持っていた。たいていは不動産だったがね。家を買って、修理して、人に貸していた。小さな商業用地を買ったりもしたよ。それをいつも副業にしていたんだ。

あるとき、誰かが花屋が売りに出されていると教えてくれた。

わたしはつねに小売業に魅力を感じていた。**小売業こそ、まさに双方向の商業経験だと思っていたからだよ。**人々は毎日、一日中、評価を下してくれる。どれだけうまく経営しているか、どれだけ価格は安いか、どれだけサービスは行き届いているか、といったことをね。

花屋のことを聞いてまず思ったのは、自分が花についてよく知らないということだった。だがわたしには時間があった。だから、**仕事が休みのときにそこで働くことにしたんだ。**

こうして、わたしはマンハッタンの花屋で週末働き始めた。驚いたことに、マイク、わたしはすっかりその仕事にはまってしまったんだよ。というのは、それが特別な種類の仕事だったからだ。廃れるのではないかと心配する必要のないビジネスだったんだ。なぜなら、このビジネスは有史以来存在してきたものだからだよ。

有史以来、あらゆる文化で、花は宗教的儀式で使われてきた。だから、決して廃れることはないんだよ。

花屋は、通常のビジネスにはないもう一つの側面も持っていた。それは、手工芸的な要素だ。つまり、花屋の芸術的な目的のことだよ。

花屋として、わたしたちは毎日とても特別な形で人々の生活にかかわっている。誕生日や記念日、快気祝い、出産祝いといったお祝い事などでね。人々が互いに結び付こうとするとても特別な機会にかかわっているんだよ。ほかの誰かに特別な方法で自分自身を表現しようとする機会にね。弔慰を表すような、感情的にとても重苦しいときにさえ、わたしたちのビジネスはかかわっているんだよ。

まさにぱっと燃え上がるような衝撃的な出会いだったわけですね。ところで、1‐800という番号はどうやって思いついたんですか？　その衝撃的な出会いの背後にはどんなストーリーがあったのですか？　1‐800‐フラワーズ・ドット・コムはどのように生まれたのでしょうか？

花屋を買ってからの一〇年間で、わたしはすっかりこのビジネスのとりこになってしまった。花の魔力や、花が人々の人生に与える大きな影響力、花屋がいかに高貴で完璧な職業になりうるかということに夢中になってしまったんだよ。

そんなわけで、わたしにとっての次なるステージは、このビジネスを拡大することだった。一〇年間はフルタイムの仕事と兼業しながら、花屋を大きくしていったんだ。その頃までには、両親や兄弟姉妹もこのビジネスにかかわっていた。そしてわたしたちの花屋はニューヨーク都市部に一四のチェーン店を開くまでになったんだ。

〝1‐800‐フラワーズ〟という会社は一九八四年、テキサス州ダラス郊外に設立された。

この会社がテレマーケティングのシステムを導入したことは、フラワービジネスにかかわる者としては最高のアイデアだと思ったよ。これによって適切なやり方で売ることができるし、事によると、当時のフラワービジネスの機能の仕方がいささかでも変わるような気がしたからだ。だから、わたしはこの会社の加盟店に加わったんだ。

残念ながらその期待ははずれたが、結局この会社のおかげで、満足のいく花屋になることができたんだよ。

長い話をはしょって話せば、その会社には当初壮大なプランがあった。それに欠点がいくらかあったせいで、会社はロケットのように発射されたかと思う間もなく、地球に戻ってきたというわけだ。

会社はわたしに経営をやらないかと打診してきたが、興味がないと断った。わたしはすでに仕事を持っていたし、実際のところ、二つも持っていたんだからね。

そこでわたしはこう言ったんだ。「会社を喜んで買おう」と。それが事の次第だよ。

こうして、わたしは負債だらけの会社の残骸を買ったというわけさ。そして店の名も「1-800-フラワーズ」に変え、売り方も変えた。その後の一〇年間で、「1-800-フラワーズ・ドット・コム」は全国的な会社へと成長を遂げたんだ。

では、あなたのストーリーを聞かせていただけますか？　あなたのストーリーとはまさに、行動を起こすことと、リスクを冒すことのように思えます。小売店からフラワービジネスに参入し、「1-800-フラワーズ・ドット・コム」でチャンスをつかまえ、多額の資本を賭けて勝負しています。

行動を起こし、現実的なリスクを冒して、ビジネスで前進することの大切さについて、リスナーのみなさんに話していただけますか？

---

君が親切にも先ほど紹介してくれた著書に書いたことの一つに、わが社の「十戒」がある。この言葉はすでに商標登録されているので、使うことができなかったけどね。そこで、「セミ十戒」と名づけたんだ。実際には一一項目あるんだが、一つ付け加えたことでよりよいものになったと思っているよ。「セミ十戒」の一つは、まさに今君が言った通りのことだ。車輪はすでに発明されているわけだから、世界を変えるような根本的に新しい何かを思いつくことは無理なんだ。もしそうできれば、すばらしいことだよ。でも、それを期待してはいけない。

つまり、この本の中で言っているのはこうだ。**「ビジネスに関して前もってすべてを知ろうとしないこと。そして、車輪はすでに発明されているという事実を気にかけない**

**こと」**

これは、とても成功している人々にとって鍵となる要素なんだよ。

ビル・ゲイツがオペレーティングシステムを発明したわけじゃない。〝伝説〟によれば、ほかの誰かがそれを書き、ゲイツがそれを五万ドルで買ったにすぎないんだ。

過去二〇～三〇年のあいだに登場した偉大なビジネス・アイデアのほとんどは、最初は冗談から始まった。最初にそのアイデアを聞いた人はみなバカにして笑ったんだよ。だがこれまで生み出されてきた真のビジネスチャンスは、とくに魅力的でも革新的でもない分野で活かされていて、必ずしも新しいハイテクやきわものの分野ばかりではないんだ。けれど彼らは何かに情熱を持っている人々なんだよ。鍵あるいは秘訣は、**人々が関心を持つもので、自分も能力を発揮できるようなものを探すこと**だ。自分が情熱を持てるものをね。

マイク、いいアイデアを持っている人と、いいアイデアに基づいて行動する人と、ただやみくもに行動する人との違いを知っているかい？　**成功した人々は、何もかもがお膳立てされるまで待つことはなかったんだよ。**

――それはつまりシンプルな一語、行動ですね。

では、今お話の中にあったある点について詳しくおたずねしたいと思います。ひときわすぐれたビジネスが創出されるとき、多くの場合、人々は最初冗談だと思う、とおっしゃいましたね。

このフラワービジネスを始めたとき、周囲には、あなたの頭がちょっとおかしくなったんじゃないかとか、「1－800－フラワーズ」だなんてへんてこだとか言った人は大勢いましたか？

また、どうすれば周囲から浴びせられる批判に対抗して、自分のアイデアに集中できるでしょうか？　あなたはどうやって集中しているのですか？

「ビジネスに関して前もってすべてを知ろうとしないこと。そして、車輪はすでに発明されているという事実を気にかけないこと」

これは自分の献身とセルフイメージが試されているということなんだ。だから、こんなことが起こったらどうしようと思っているなら、心配する必要はないよ。かりにそうなったとしても、誰かに後ろ頭をぴしゃりと叩かれて「それはすごいアイデアだね。きっとうまくいくよ」と言われるほうが、「ええーっ、こんなのうまくいくのかい？」と言われるよりもはるかに疑ってかかったほうがいいからね。

プロの弁護士や会計士に意見を求めるときに理解しておかなければならないことは、こんなふうにアドバイスしたのでは彼らは報酬がもらえないということだ。「へえ、すごいアイデアですね。思い切ってやってみるといいですよ」

だから彼らはこう言う。「こんなのは聞いたことがない。よく考えたほうがいいですよ」

そう言われてがっかりするかもしれないが、それが彼らの仕事なんだよ。そのためにわたしたちはお金を払っているんだ。

彼らはリスクに対してわたしたちに忠告し、助言を与えるために存在している。だが**思考プロセスを支配しているのは自分だ。行動するかしないかを決める責任は、自分自身にあるんだよ。**

大変貴重なお話ですね。〝決断、思考プロセス、行動、リスク〟。あなたは偉大なことを成し遂げました。人々はあなたを見て、話を聞いて、あなただからこの複雑な、とても複雑なことを成し遂げることができたのだと考えるかもしれません。でもアイデアを抱き、行動を起こし、自分のプランに献身し続けたからこそ、今の成功があるんですよね。

---

とはいっても、「桟橋から跳び下りろ」という意味ではないんだよ、マイク。言ったように、わたしはとてつもなく大きなリスクを冒す人間ではない。1-800-フラワーズを買収したのは、正直、大きな過ちだった。今なら君も知っていること、つまり、〝相当な注意〟を払うべきだったことがわかる。けれど当時は、相当な注意について何も知らなかったんだ。

---

つまり、リサーチですね。

わたしが払ったのは、相当な注意のかわりに、相当な〝不注意〟だったんだ。わたしはミスを犯した。負債だらけの会社を買ってしまったんだからね。個人的にも多額の負債を抱えたまま、わたしはその会社を引き継いだ。今ならわかることが当時わかっていたなら、あんなやり方はしなかっただろう。

もちろん、間違いを犯すことだってときにはある。だがあのとき、わたしは自分が二種類の人間のうちのどちらになるかを決めなければならなかったんだ。二種類の人間とはつまり、君のような人々と、間違いを犯しそれに打ちのめされる人々さ。その違いは、起業家の精神を持っているか否かということだ。

起業家なら間違いを犯しても、そうした状況を生き残るある秘密の要素が気質の中にある。つまり、立ち直りが早いということだよ。間違いを犯したり、ひどい挫折を経験したりしたあとで、とても信頼していた従業員が突然会社をやめると言い出すこともある。ものすごいパンチを腹やみぞおちに食らうようなものだ。とにかく、びっくり仰天してしまう。だが、立ち直りが早い人は、一〇分後にはもう物事の明るい側面を見ているんだ。「わかったぞ、このやり方で立ち直ろう。これでいこう」といった具合にね。こうやって自分に勝って立ち直り、前に進んでいくんだよ。

**成功する人としない人との違いは、成功する人は挫折からいち早く立ち直る方法を知っていることなんだ。**

あなたがその話題を取り上げるとは、とても興味深いですね。というのは、この番組では大物起業家や大物作家にインタビューしてきましたが、もっとも成功した人ほど、もっともひどい失敗をした経験があるように思えるからです。しかしそういう人々に限って、そこから立ち直る能力も同時に持ち合わせているようですね。

―――

だからといって、わざわざ出かけていって失敗を探す必要はないんだよ（笑）。

―――

そうですね。ようは、出かけていってベストを尽くせばいいわけですね。自分のプランを綿密に調べればいいんですね。それでもときには、失敗して打ちのめされることもある。重要なのは起き上がり、前に進み続けることなんですね。

ところでマイク、君の番組に電話してきて、こう言うリスナーもきっといると思うんだ。「わたしは今この仕事をしているけれど、あくまで生活のためであって、本当にしたい仕事ではないんです」

彼らはこう言う。「どんなふうにビジネスを始めればいいんでしょうか？」

わたしはときどきこんなふうに言ってくる人々にがっかりするときがある。

「ドライクリーニングのビジネスを立ち上げたいんですが、どうやって始めたらいいんですか?」

一日二四時間は働けないが、夕方は時間がある。週末も勤務のシフトによっては時間がある。それなら、パートタイムで働いてみたらどうだろう?

「それじゃあ、あまり稼げない」と言うかもしれないが、それがなんだ? これは学習経験なんだよ。**そのビジネスに参入したいと思うなら、ほかの誰かのために働いて、その経験を次のように利用するんだ。**

**A. 副業で余分なお金を稼ぐ**

**B. 別の業種のリサーチや学習をする**

**そうすれば、その仕事が本当に好きかどうかわかるだろう。**

パートタイムで働くことで、体験してみることができるんだ。だから、ボランティアで働いてもいい。たとえばケータリングの仕事がしたいなら、誰かに雇ってもらうといいだろう。バーテンダーやウェイターの助手、あるいはケータリングの配膳係として働くといい。そうすれば、その仕事が本当に好きかどうかがわかる。

**傍観者として、ただ何もしないで人生について考えていたってダメなんだよ。**

興味深いですね。とても明快なコメントでした。

あなたの成功にとってきわめて重要で基盤ともなっているものの一つは、リレーションシップをつくり出すパワーです。あなたと従業員との関係だけでなく、あなたと顧客との関係すべてです。

今、ビジネスオーナーや起業家のみなさんも、この放送を聴いていると思います。こうした人々が利用できる秘訣や戦略やテクニックを、いくつか教えていただけませんか？　また、リレーションシップのパワーについても、少し話していただけますか？　あなたが呼ぶところの〝コンタクト・エコノミー〟のパワーについて教えてください。

---

最初の仕事がソーシャルワーカーだと知ると、みんなわたしをからかうんだ。1-800-フラワーズ・ドット・コムの経営とどんな関連性があるのかってね。

わたしに言わせれば、この二つは驚くほど似通っているんだよ。というのは、何年も前にあの養護施設で一〇人の少年たちとかかわったときに身につけたスキルや性格や特性は、現在使っているスキルと同じものだからだよ。**リレーションシップを築くことこそが、ソーシャルワークの仕事だったんだからね。**

少年たちとは初めのうち人間関係を築くことができなかった。それはわたしが犯した最初の過ちだった。わたしはあの子たちと信頼関係を築く必要があったんだ。というのは、人との触れ合いがあるところにブレークスルーがあるからなんだ。**そして人と個人的な触れ合いを持つことは、人間関係を築くための第一歩なんだよ。あらゆることが人間関係の基礎になるんだ。**

幸運なことにわたしたちは今、信じられないような好景気にある。これまでで最高だと思う。したがって、チャンスも豊富にある。

ところで、ロングアイランドでお気に入りのレストランはどこだろう？

住んでいる町でお気に入りのレストランはどこだろう？　それは自分の名前を覚えていてくれるレストランだよ。有名シェフ、ジェームズ・ビアードは何年も前にこう言っている。「すばらしいレストランへの鍵、つまり客の推薦を得られるかはただ一つ、レストランが客の名前を覚えていることだ」とね。とくに自分が住んでいるコミュニティではそうだ。人々は互いによそよそしい。小さな町で必ず見られるようなご近所づきあいがない。あるところはあるが、ないところもあるんだ。

だから、わたしたちはみなそんな店に引き寄せられる。ヘアカットにはどこへ行く？　居心地のよい気分が味わえるところだ。知っている人々のいるところだ。自分のことをわかってくれているところだ。ヤンキースファンであることやメッツファンであることを知っていてくれるところだ。そうすれば会話も弾むからね。

花屋としてのわたしたちの仕事もまた、リレーションシップを築くことなんだ。

わたしたちの顧客の一部は決して店舗へ来ることはない。1‐800‐フラワーズ・ドット・コムでは、ご承知のように、店舗へは文字通り正面入り口を通っても、電話をかけても、インターネット経由でも来ることができる。

だからこそ、顧客とのリレーションシップを築くことが重要なんだよ。テクノロジーの利用のおかげで、大勢の人々がわたしたちのことを知ってくれている。だがもしわたしたちに当てはまらないものがあるとしたら、それはハイテク企業だ。わたしたちはハイタッチ（人間的触れ合いの）企業なんだよ。

---

「成功する人としない人の違いは、成功する人は挫折からいち早く立ち直る方法を知っていることなんだ」

――ジム、そろそろ時間がなくなってきました。そこで、できる限り簡潔に、多くの質問に答えていただきたいと思います。よろしいですか？

わたしはかまわないよ。

――それでは、ほめることに関して何かエピソードがありましたら話していただけますか？　リスナーのみなさんがそれを利用して、よりよい、より満足できるリレーションシップを従業員と築けるように。

わたしは厳しい現場監督である父のもとで働きながら育った。くわえて、衣料品店を経営する人のところでも高校から大学まで何年も働いたよ。二人とも、あまりほめてはくれなかったね。実際のところ、わたしたち従業員はいいスコアをとるために格別の努力をしなければならなかったんだよ。

**よい労働環境を手に入れたければ、従業員に自分が評価されていることを知らせたければ、最初のルールは、従業員がいい仕事をしたときには、本人に伝えることだ。**

それはこのうえもなく基本的で基礎的なことなんだよ。「おい、いい仕事したじゃないか」と言われるほど気分のいいものはないからね。

ほめるのは必ずしも上司である必要はないんだ。一緒に仕事をしている同僚や部下に言ったっていいんだよ。いい仕事をしているのを見たら、その場で言うのがいいと思うね。


---

とてもシンプルで明快ですね。

あなたのビジネスの売上の一〇パーセントは、インターネットを通じて得られたものですね。莫大な金額です。インターネットは今日きわめて魅力的なメディアであり、あなたはそれを利用して大きな成功を収めています。あなたの前向きな経験から得られたいくつかの秘訣や鍵で、今放送を聴いているビジネスオーナーたちが自分の事業で利用できるものはありますか？


インターネットにかかわるべきではないビジネスがあるだろうか？　わたしには信じられないね！

一九七〇年にシリコンチップが発明されて、情報革命が起こった。それは今日の世界における経済の景色を一変させてしまった。その革命を加速させた次なる巨大なターボが、インターネットの民主化だったんだよ。その影響力はすさまじく、誰もが影響を受けた。だから、インターネットを理解し、試してみる必要があるんだ。それが顧客にどのような影響を与えうるか、自分のビジネスライフをどのように変えうるか、ということをね。

なぜなら、あなたが知らなければ、競合相手が知ることになるからだよ。インターネットはあなたの人生を一変させることだろう。

ジム、あなたの有名な「セミ十戒」は、実際には一一項目ありますね。その中でも九番目はとても興味深い。「高い収益性は必ずしも重要ではない」この条項について詳しく説明していただけますか?

簡単なことだよ。

**高い収益性は多くのすぐれた競合相手を引き付ける。**途方もなく高い利益を上げるビジネスは、途方もない競合相手を引き寄せるんだよ。だが結局は、きわめて才能のある競合相手に打ち負かされることになる。だから他社との違いは、自分の製品やサービスで出さなければダメなんだ。

たまたま自分が世界でもっとも利口な人間ででもない限り、あるいはそんな人間を雇ってでもいない限り、もっとも利口な者を出し抜こうとはしないことだ。

自分が興味を持てるビジネスを見つけ出すことだよ。ワクワクするようなチャンスを見つけ出すことだ。スタートできるポイントを見つけ出すことだ。**収益性のことを気にかけてはいけない。成功しているビジネスがほかにあるということは、自分も成功できる可能性があるということなのだから。**ともかく、新しいテクノロジーやテクニックを導入したり、経費を節減したりして、たとえ低い収益しか上げられなかったとしても、競争上の利点を生み出す方法を見つけることはできるんだよ。

――興味深いですね。では、別の条項についても教えてください。たとえば、「自分自身をブランド化するパワー」などはどうでしょう。

全国で定期的に講演をする機会があるんだが、そのときこうたずねることがよくあるんだ。「この中に何人〝ブランドマネジャー〟はいますか?」すると、会場におよそ一〇〇〇人いたとすれば、六～一二人の手が挙がる。わたしに言わせれば、それは間違いだ。聴衆全員がブランドマネジャーなんだよ。マイク、君はあきらかにブランドマネジャーだ。自分の番組のブランドだけでなく、自分自身のブランドも管理しているわけだからね。

**わたしたち一人ひとりがブランドマネジャーなんだよ。**

わたしが考えるブランドの定義とはこのようなものだ。かりにわたしが六人の人間を選んだとしよう。そのうち三人は君の放送業界での同僚で、あとの三人は君の友人だとする。この六人を部屋に閉じ込め、一人ずつ椅子に縛り付け、自白剤を注射してこう聞く。「マイク・リットマンについて教えろ」最初に出てきた三つか四つの言葉が、彼らの目から見た〝君〟というブランドの定義なんだよ。

**従業員であろうと、地域社会の一員であろうと、経営者であろうと、自分が言ったりやったりしたことはすべて、人々が自分に対して抱くイメージに影響を与えるんだ。それが自分のブランドなんだよ。**

---

おもしろいですね。

話は変わりますが、多くの人があなたのことを知っています。彼らはテレビコマーシャルであなたの姿を目にしています。広告という観点からちょっと話していただけますか？　なぜ自分自身が広告塔になることにしたのですか？

ずいぶん前のことになるが、当時わたしたちはブランドとしてよく知られていなかった。

わが社は花屋を営む家族経営のビジネスだったから、とても個人的な事業で、社名も何度か変えていた。

フリーダイヤルの電話番号を社名にしたのは、わたしたちの会社が最初だったんだ。その同じ社名をブランドとして使った最初の会社でもあったんだよ。もちろん電話だけでなく、さまざまなチャネル（取引経路）でね。わたしたちの店舗は1-800-フラワーズ・ドット・コムと呼ばれ、わたしたちのウェブサイトもまた同じ名前で呼ばれている。

だがこの社名はちょっと冷たい感じだったので、わたしたちの代理人が数年前、もっと人間味のあるイメージを付加しようと提案してきた。それが見るからに、花や、花を通じて人々の生活にかかわることに深い情熱を持っている人物を加えることだったんだ。そこでわたしに白羽の矢が当たったというわけだ。

何年ものあいだわたしはそのオファーに抵抗したが、数年前思いきってやってみると、これが大成功だったんだ。それによって、わたしたちのブランドが生きた人間によって経営されていることを示すことができたからなんだ。花屋の仕事に熱い情熱を燃やす、実在するマッキャン一家によってね。

――ジム、最後に、ここまでの道のりを通じて、あなたに影響を与えた本は何かありますか?

**マイケル・トレーシー**の本はお薦めだよ。**『ナンバーワン企業の法則――勝者が選んだポジショニング』（大原進訳、日本経済新聞社）**というタイトルなんだが、**自分の製品やサービスをどう考えるべきか、またそれをどんな方法で売れば、自分のエネルギーを蓄積できるかを詳細に説明してくれているんだ。**

――すばらしいですね。残念ながら、終了時間のあるところがこの番組のいやなところなんですが、どうしようもありません。実にすばらしく、活気のある、有益なひとときでした、ジム。またお会いできる日を楽しみにしています。

〝マイク・リットマン・ショー〟にお越しいただきありがとうございました。

どういたしまして、マイク。

●ジム・マッキャン

1-800-フラワーズCEO。ニューヨーク市クイーンズ地区のペンキ職人の家に生まれる。大学で心理学を専攻、紳士服店の店員やバーテンダーを経て、少年養護施設に勤務。一人ひとりとのリレーションシップ構築の大切さを学ぶ。一〇年ほど経た頃から起業を考え始め、副業として花屋のフランチャイジーとしてビジネスを始める。自らがフランチャイジーの一つだった1-800-フラワーズが倒産に瀕したときに買い取り、フリーダイヤルとインターネットを用いた電子商取引の先駆者として急成長させる。

著書に『インターネットで花束を! ――1-800-フラワーズ、世界一の花屋の物語』（塩谷未知訳、ダイヤモンド社）がある。

# 「内面的な決意こそが成功を現実のものにする」

## 第9章　ジェイ・コンラッド・レビンソン

# 「何かを実際に行動に移すためには、まずそれを書面に書き表す」

一七年前、ビジネスの世界に革命が起こりました。その時点では、誰もそのことには気づきませんでした。何が起こったかというと、そう、一冊の本が出版されたのです。革命はビジネスの世界を一変させました。

この本は現在、三七カ国語で出版されています。その著者が今夜このスタジオに来てくれているのです。その本とは、『ゲリラ・マーケティング』。著者は、あの偉大なジェイ・コンラッド・レビンソンです。

今夜はこの『ゲリラ・マーケティング』についてお話をうかがっていきたいと思います。ゲリラ・マーケティングと従来のマーケティングとの違い、それぞれの特徴、〝ゲリラ〟になるための方法、そして自分のビジネスを次のレベルへ引き上げて大成功させる方法などについて詳しく教えていただく予定です。

彼の著書は現在、アメリカ中の多くのＭＢＡコースの基礎となっています。

彼は、〝マルボロマン〟のコマーシャル、ユナイテッド航空の〝フレンドリー・スカイ〟、ピルズベリー社の〝ドウボーイ〟といった、今世紀を代表する三つの広告キャンペーンの重要な仕掛け人の一人でもあります。

ジェイ・コンラッド・レビンソン、〝マイク・リットマン・ショー〟へようこそ。

---

マイク、出演できてとてもうれしいよ。すごく興奮しているんだ。君のリスナーや君に話ができるなんてワクワクするね。

---

どうもありがとうございます。今夜、世界中の人々が、すばらしい情報を聞けるとあってすっかり興奮しています。

『ゲリラ・マーケティング』がどのように生まれたかについてお話をうかがう前に、ここで土台作りをしておきたいと思います。ゲリラ・マーケティングと、いわゆる従来のマーケティングとの違いについて、詳しく説明していただけますか？

---

そうだね、わたしはかつてゲリラ・マーケティングを教科書的なマーケティングと比

較していたんだが、『ゲリラ・マーケティング』が多くの大学で教科書として使われるようになった現在では、それももうできない。だから、今は従来のマーケティングと比較しているんだ。そこには一九の違いがあるんだよ。

これらはゲリラ・マーケティングと従来のマーケティングとの相違点というだけでなく、世界中でマーケティングをするための方法でもある。今日の世界で通用する方法だよ。今マーケティングは劇的に変化している最中だからね。

一つめの違いは、従来のマーケティングではこう言っている点だ。「マーケティングには、お金を投資しなければならない」だが、ゲリラ・マーケティングではこうだ。「**お金を投資したければそれでもかまわない。だが必ずしもその必要はない。第一に投資すべきは、時間と、エネルギーと、想像力である**」

――ジェイ、今の言葉をもう一度言っていただけますか？

**第一に投資すべきは、時間と、エネルギーと、想像力である。**

この三つを進んで投資すれば、それほど多くのお金を投資する必要はないんだよ。

二つめの違いは、従来のマーケティングが多くの人々をおびえさせていることだ。

マーケティングは人々を怖がらせる。というのは、マーケティングとは何かをあまりよくわかっていないからだ。それは神秘のベールに包まれているために、あえて過ちを犯すよりはやらないほうがましだと考えられてしまうんだよ。

人々は、マーケティングに宣伝活動も含まれるのか、インターネットも含まれるのか、あるいは販売活動も含まれるのかもよくわからない。

したがって、ゲリラ・マーケティングが違うのは、**マーケティング・プロセスから神秘性を完全に排除する**という点なんだよ。**マーケティングにはかすんだところや、ぼんやりしたところや、恐ろしいところなどまったくない**。この番組が終わる頃には、これを聴いている誰もがマーケティングにはもはや神秘性などないことがわかると思うよ。

三つめの違いは、そうだな、これを説明するには、発端から始めるべきかな。

わたしは以前、バークレーにあるカリフォルニア大学で講座を教えていたんだ。公開講座で、スモールビジネスの経営に関する講座だった。受講生から、限られた予算しかない人向けのマーケティングに関する本を紹介してほしいと頼まれて、探してみると約束した。そこでバークレーの図書館に行ったんだが、そんな本は一冊もなかった。

スタンフォードやサンフランシスコ、ロサンゼルスの図書館にも行ってみたが、限られた予算しか持たない人向けの本はどこにもなかったんだよ。

マーケティングについて書かれた本はすべて、ひと月に三万ドル使える経営者を対象に書かれていて、わたしの生徒が参考にできるような本ではなかったんだ。

そこで自分の生徒へのサービスとして、『ゲリラ・マーケティング』を書いたんだよ。当時は、その本がいずれ一人歩きを始めることになるなんて思いもしなかったがね。

つまり、**『ゲリラ・マーケティング』シリーズのページにある文章も言葉もすべて、スモールビジネス向けに書かれているんだ。**

そこが従来のマーケティングとかなり違っているところだよ。従来のマーケティングはつねに大企業向けのものだったからね。

四つめの違いは、従来のマーケティングはつねに実績に基づくという点だ。たとえば、どのくらい売上があったか、どのくらい客が入ってきたか、一つのオファーに対してどのくらい返答があったかということにね。

だがゲリラ・マーケティングでは、そういったものは間違った答えになる。それらは注目すべき数字ではないからだ。**唯一重要な数字は〝利益〟だ。高い売上なら誰でも達成することができるからだよ。**

――繰り返します。売上ではなく、利益に焦点を合わせるということですね。もっと詳しく説明していただけますか？

**高い売上を上げることは誰にとってもきわめて簡単なことだが、それぞれの売上で利益を上げることはとてもむずかしいことなんだ。**

たとえば、四〇ドルしか利益の出ないものに五〇ドル経費をかけていたら、売るたびに一〇ドル失うことになるだろ。

ゲリラは利益の数字しか見ない。そして彼らのすることはすべて、収益のすばらしさを増加させることに向けられているんだ。

彼らは利益ほど売上を気にかけないんだ。**唯一重要なことは、経費を引いたあとにいくら残るかだからね。**

五つ目の違いは、従来のマーケティングはつねに経験と判断に基づくということだ。それは〝当て推量〟のしゃれた言い方にすぎない。

ゲリラは間違った当て推量が命取りになることを知っているから、決してそれを使おうとはしない。

ようするに、**ゲリラ・マーケティングは可能な限り心理学に基づいているんだよ。人**

**間行動学の法則にね。**

たとえば、すべての購買決定の九〇パーセントが無意識の領域で下されることがわかっている。だから現在では、スラムダンク式に消費者の無意識にアクセスする方法も知られているんだよ。

——それについてもっと詳しく教えてもらえますか？

それは繰り返しを通じておこなわれるんだ。**購買決定は無意識の領域で下されるが、その九〇パーセントはわたしたちの脳だ。無意識にアクセスするにはどうすればいいか？　それは、繰り返しを通じてなんだよ。ある情報を聞けば聞くほど、それは購買決定が下される無意識に到達しやすくなるんだ。**ゲリラ・マーケティングは、可能な限り心理学に依拠しているんだよ。

六つめの違いは、全部で一九の違いがあるんだが、従来のマーケティングはビジネスを大きくし、そのあと多角化し始める点だ。

ゲリラ・マーケティングでは、そんな考え方はしない。

大きくしたければそれもかまわないが、焦点を維持することだけは忘れてはいけない。多角化のことは考えなくてもいいんだ。**焦点を維持することだけを考えればいい。**

これはとてもむずかしいことなんだよ。

七つめの違いは、もっとも重要な違いの一つだ。

従来のマーケティングでは、ビジネスを大きくする方法はつねに直線的だという点だ。つまり、定期的に新規の顧客を増やしていくという方法だよ。だが、これはとても高くつくやり方なんだ。

**ゲリラ・マーケティングでは、会社を大きくする方法は〝幾何学的〟なんだ。**つまり、**それぞれの取引額を大きくする**ことだよ。顧客一人当たりの年間取引額を増やすんだ。

くわえて、そうした顧客の膨大な〝口コミ〟のパワーを利用するんだよ。彼らにはみな友人がいるし、顧客になりそうな同僚もいるからだ。同時に、そうした人々がさらにほかの人々に口コミしてくれることで、いっそう新規の顧客が増えていくんだよ。

---

ちょっといいですか？

あなたが今おっしゃっていることをただ聞き流すのは、実にもったいないと思うんです。というのは、あなたが明らかにしているのは、それぞれ百万ドルに値するほどのテクニックだからです。

今この放送を聴いているスモールビジネスのオーナーに話していただけますか？　幾何学的にビジネスを成長させる能力について、もう少し掘り下げて説明していただけませんか？

できれば具体例を挙げて、購入頻度を増やす方法について話していただけますか？　どうすれば注文額を大きくできるのですか？　どうすればそれらを幾何学的に増加させることができるのですか？

もう少し詳しく説明してください。

---

もちろんいいとも。すばらしい質問だね。

幾何学的に増加させるには、まずそれぞれの取引額を大きくすることだよ。客が買ってくれると決めたからには、その注文額を大きくすることであなたにはまったくコストはかからないんだ。**客が何であれあなたの売っているものを買いたがったなら、それの豪華版やセットになったものを勧めるといい。**そうすれば、取引額は通常より大きくなるんだよ。

――つまり、客が何かを買いたがったら、より多くお金を使うような選択肢を与えるということですね。

そうだよ。**客がお金を使いたくなるようなものを用意するんだ。**たいていのビジネスオーナーは豪華版を用意していない。一つ用意しておくことをお勧めするよ。

たとえば書店を例にしてみよう。ただ本を売っている書店もあれば、関連した本を四、五冊ギフト用のバスケットに入れて売っているところもある。客がその書店に行って、店主推薦のこの五冊セットを気に入ったなら、これで取引額がより大きくなったことになるんだよ。

「高い売上を上げることは誰にとってもきわめて簡単なことだが、それぞれの売上で利益を上げることはとてもむずかしいことなんだ」

また、顧客の好みを記録し続けることで、それが何であれ、客の現状をつねに把握することができ、その結果、年間を通じてより大きな取引ができることになる。

**フォローアップを通じて顧客の現状を把握していれば、顧客はより大きな取引をしてくれるものなんだ。**

そしてもちろん、顧客はみな勤めていたり、学生だったり、教会やクラブに所属していたり、多くの友人がいたりする。彼らが人的ネットワークを持ち、それに属する人々に口コミしてくれるのは、あなたにとってコストゼロのマーケティングなんだ。彼らはあなたを口コミで紹介してくれるというとてつもない能力を持っているんだよ。あとはただ頼むだけだ。

顧客の現状を把握し彼らを大切にしているなら、知人の名前を三人たずねてみるといい。あなたからのダイレクトメールが利得になりそうな知人を、だ。手紙で頼んでもいいいし、インターネット経由でもいい。顧客に手間をかけさせない方法で頼んだなら、きっと紹介してくれるだろう。彼らはあなたが成功することを望んでいる。あなたが顧客を大切にすることを知っているからだ。あとはただ三人の名前をたずねるだけでいい。そうすれば、喜んで紹介してくれるはずだ。

同時にこれまで話した通常のマーケティングもおこなえば、あなたのビジネスは幾何学的に成長していくだろう。その結果、四つの異なる方面を成長させることになる。

**一つめは、それぞれの取引額が大きくなる。**

**二つめは、一年当たりの取引額が増える。**

**三つめは、各顧客の口コミのパワーを利用して、紹介された人々とも取引を始めることができる。**

**四つめは、それ以外のマーケティングもすることによって、新たな顧客を引き入れることができる。**

この四つの方面で同時に成長し続けていれば、廃業に追い込まれることも、損をすることもまずないだろうね。

マーケティングのコストは下がり、利益は上がる。というのは、既存の顧客に売るほうが、新規の顧客に売るよりもコストが六分の一に抑えられるからだよ。


---

今あなたが説明してくれた四つの方面のことを、「絶対的な富への四つのディレクション」と呼ぶことにします！

ところで、今フォローアップについて触れましたね。いくつかの異なる理由から、顧客に繰り返し連絡をとる能力について話していらっしゃいましたね。

この放送を聴いているスモールビジネスのオーナーのみなさんに、そうしたフォローアップを効率よく、効果的に、ビジネスオーナーにとって価値あるものにするためのお薦めのウェポン（武器）はありますか？

もちろんあるよ。それは従来のマーケティングとゲリラ・マーケティングとの八つめの違いだよ。

**アメリカで失敗するビジネスの七〇パーセントが、購入してくれた顧客への無関心が原因でそうなっているんだよ。つまり、購入したとたん見向きもされなくなった顧客のせいで失敗しているんだ。**

**ビジネスは品質の悪さやお粗末なサービスのせいで失われるわけではない。顧客を無視したせいで失われるんだ。**

だから、**ゲリラは決して顧客を無視したりはしない。**これが大きな違いの一つだよ。

彼らはフォローアップにとても力を入れているんだ。

実際の数字をからめて、これについて例を挙げてみよう。

あるビジネスオーナーがいたとしよう。

この会社では製品を一つ売れば、一〇〇ドルの利益があるとする。

フォローアップやゲリラ・マーケティングについてはまったく知らなければ、こうなる。客がこの会社の商品を買うと一〇〇ドル儲かり、会社はそのお金をポケットに入れ、客は帰っていく。

ようするに、一人の客は会社にとって一〇〇ドルに相当するわけだ。

だがここで、フォローアップを理解している人間を雇ったとしよう。その人物はフォローアップの目的とポイント、そしてゲリラ・マーケティングを理解している。

その従業員はきっと、同社の商品を買ってくれた顧客に**四八時間以内に礼状を送る**はずだ。

これまで何かを購入して、四八時間以内に礼状を受け取った経験が何度あるだろうか？　あっても一度か、ひょっとしたら皆無かもしれない。

だからこれはとても重要なんだ。さらに、**三〇日後、再び手紙を送って、商品に満足しているか、何か疑問点はないかとたずねるんだよ。**

何かを売りつけるつもりではないことを前もって知らせておく必要があるだろう。購入してもらった商品に満足しているかどうか確かめたいだけだと念を押し、顧客を混乱させないように配慮する。

**三ヵ月後、再び顧客に連絡する。**

今度は電話でも、Eメールでも、手紙でもいい。ここでは、当初購入したものと関連のある製品やサービスを特別価格で紹介するんだ。

顧客はあなたの話に関心を示すだろう。というのは、あなたがつねに接触を保ってくれることを知っているからだ。ただ顧客からお金を引き出そうとするのではなく、彼らが満足しているかどうかを確かめるために連絡してきた実績があるからだよ。

**六ヵ月後、顧客は質問状をあなたから受け取る。**

その質問状の最初にはこう記してある。「こんなに多くの質問をして申し訳ないのですが、お客様について知れば知るほどよりよいサービスをご提供できるのです」

そして、どんなスポーツチームを応援しているか、どんな車を運転しているか、どんな職業についているか、子どもたちはどんなことに興味があるか、といった個人的なことをたくさんたずねる。

顧客はためらうことなくそうした情報を教えてくれる。それは、彼らにとって理にかなったことだからだよ。これは本当なんだ。顧客について知れば知るほど、よりよいサービスを提供することができるんだよ。つまり、**フォローアップとは顧客について学ぶことでもあるんだ。**

こうして九ヵ月後には、顧客の娘がチアリーダーになったことを祝福する手紙を送ることになるかもしれない。さらに一年後には、顧客はあなたから一周年記念のカードを受け取るだろう。顧客になってくれたことを祝うカードだ。

こんなふうに**顧客と定期的に接触を保っていれば、一年も経たないうちに一人の顧客が三回は購入してくれるだろう。さらに、あなたのビジネスを四人の知人に推薦してくれるはずだ。**あなたが頼んだ以上に多くの人にね。

これで顧客との関係は、通常であればたった一度きりの取引から、二〇年ものあいだ続く息の長いものになるんだよ。

これを計算してみれば、フォローアップを理解するだけで、一人の顧客が二〇万ドルもの価値を持つようになることがわかるだろう。

そのすべてが、それほどお金をかけずに手に入るんだ。

ともかく、フォローアップを理解することだ。そして礼状を書くことだ。顧客が満足しているかを確かめる礼状を。顧客へは連絡を欠かさないようにしよう。電話でも、Eメールでも、ファックスでも、本人に直接でも、手紙でも、何でもかまわない。**連絡を保ち、単なる顧客としてではなく、一人の人間として、彼らと密接に結び付いていることを理解してもらうんだよ。**

いったんそれを理解すれば、顧客にとってあなたのビジネスをほかの人に推薦することは容易になるだろう。

ゲリラ・マーケティングと従来のマーケティングとの九つ目の違いは、従来のマーケティングがつねに、地平線を見渡して排除すべき競合相手を探すように言っていることだ。

わたしに言わせれば、それはまったくのナンセンスだね。そんなふうに考えるべきではないんだ。そうではなく、**地平線を見渡して協力し合えそうな相手を探すんだよ。**

――もう一度言っていただけますか?

**排除できる競合相手を探すのではなく、自分と同じようなビジョンと経営基準を持つ他社を探し、協力し合うんだ。**

テレビを観ているとコマーシャルが入る。

最初はそれがマクドナルドのコマーシャルだと思う。途中まで観てコカコーラだと思う。終わる頃になってようやく、『ライオンキング』か『ポカホンタス』のコマーシャルだったとわかるんだ。

いわゆる〝**フュージョン(融合)・マーケティング**〟と呼ばれるものが、現在盛んにおこなわれている。

とくにスモールビジネスのレベルで盛んなのは、他社と結び付いて一時的なジョイント・マーケティング・ベンチャーを形成することで、より多くの見込み客の関心を引くことができるからなんだ。

その範囲が広がれば、コストは下がる。コストをほかの会社と折半しているのと同じことだからだ。

日本ではたとえば、七〜九つのビジネスが合同でフュージョン・マーケティング・キャンペーンをおこなっている。

彼らはいたるところで宣伝活動とマーケティングができるのに、コストはほんの少しでいいんだ。とても多くの人々がかかわっているからだよ。

「排除できる競合相手を探すのではなく、自分と同じようなビジョンと経営基準を持つ他社を探し、協力し合うんだ」

アメリカでもそれと同じことをしようとするスモールビジネスがますます増えている。つまり、**自分たちの心を競争というより〝協力〟という考えで包み込もう**という動きが盛んになっているんだ。

---

リスナーのみなさん、聴き逃していないことを祈ります。ベストセラー作家のジェイ・コンラッド・レビンソンが今、あなたのために無料のマーケティングプランを説明してくれました。礼状、記念日のカード、アンケート。これは本当に値がつけられないほど貴重な情報です！

ジェイ、九つめの相違点まで終わりましたが、残りについてはこれからの話の中でまたいくつか触れてください。

ところで、わたしはこの番組で心構えを話題にするのが大好きなんです。人格特性についてや、外的な結果を生み出すのにどんなものが内面で必要なのかといったことを話すのが、です。成功しているゲリラ・マーケターはどんな特性や性格を持っているのですか？

じつのところ、マイク、わたしはこれまでアメリカ、ヨーロッパ、極東の成功したマーケティングキャンペーンを運営している人々の性格に注目してきたんだ。フォーチュン五〇〇社のリーダーと、フォーチュン五〇〇社のようになりたいと思っている小さなベンチャー企業のオーナーの人格特性にもね。

成功した会社のマーケティング担当者は、みな似通った人格特性を持っているように思える。だから、わたしは違っているところを探し続けているんだ。違った種類の性格を持つ人物を探しているんだよ。だが今のところ、違いはまったく見つけられない。

あらゆる規模の会社で、多くの利益を上げるマーケティング担当者の性格には、一二の人格特性が共通して見られる。

一つめはもっとも重要なもので、アメリカでの研究を基礎にしているものだ。

その研究では、驚くべきことに、こんな疑問に答えを出そうとしたんだよ。「何度あなたのマーケティング・メッセージが見込み客の心に浸透すれば、いわゆる〝完全なる無関心〟、つまり、まったくあなたのことを知らない状態から、あなたの商品を今すぐどうしても買いたいと感じる状態へと心を動かせるだろうか？」

これはむずかしい質問だ。「何度自分のメッセージが人の心に浸透しなければならないか？」というのはね。

驚いたことに調査員は答えを見つけ出したんだ。

彼らが見つけ出した答えとは、九回だったんだよ。

**人々を〝完全なる無関心〟、つまり、あなたのことをまったく知らない状態から、今すぐ買いたいという気持ちにさせるには、あなたのメッセージが人の心に九回浸透しなければならないということだ。これは実にいい知らせだね。**

**だが悪い知らせもある。あなたが送るメッセージの三回につき二回は、人々は注意を払っていないということだ。**

人々はあなたのマーケティングに注意を払うよりも、生活の中でするべきもっと重要なことがあるんだよ。

だから三回メッセージを送っても、人の心に届くのは一回だけなんだ。では、そのときどんなことが起こるだろう？　何も起こらないんだ、まったくね。

次に六回メッセージを送ったとしよう。今度は人の心に二回浸透させることができた。この場合、何かが起こる。人々はあなたの名前を聞いたことがあると認識するんだ。だが道のりはまだ遠い。六回メッセージを送ってようやく、あなたの名前に聞き覚えがあると認識するにすぎないのだからね。

では今度は九回メッセージを送って、人の心に三回浸透させたとする。

この時点では人々はこう考える。「おい、あの会社のマーケティングを以前見たことがあるぞ」

そして無意識にこう思うんだ。「マーケティングを継続しているということは、成功した会社に違いない」

けれどただそう思うだけで、それ以上は何も起こらない。

では今度は一二回メッセージを送って、人の心に四回浸透させたとする。この時点では、人々はあなたの名前を別の場所で見つけられるかどうか見回すようになる。

人々はまだあなたの広告を読みにいったり、あなたのダイレクトメールに注意を払ったりはしない。だが、ほかの場所にあなたの痕跡があるかどうか見回すようになるんだ。

では今度は一五回メッセージを送って、人の心に五回浸透させたとする。

この時点では人々はあなたの広告やパンフレットをくまなく読み、電話をかけてきてパンフレットについてたずねるようになる。

ウェブサイトを持っていれば、この時点で人々はあなたのウェブサイトを訪れ、あちこちクリックしてじっくり調べるようになる。

まだ買う気にはなっていないことに注意する。だが、何かを売るという考え全体が推進力を生み出すうえで重要なら、あなたは正しい推進力を生み出したことになるんだ。

では、現実ではどんなことが起こっているかというと、残念なことに、ビジネスオーナーたちは正しいプランを、正しいメッセージで、何もかも正しくおこなっているのに、一五回メッセージを送ったところでこう思い込んでしまう。「ああ、客が大勢わたしのもとに来ないということは、わたしがやっていることはすべて間違っているんだ」そして、自分のマーケティングキャンペーンを放棄してしまうんだ。

そして別のメディアを利用し始める。別のメッセージ、別のグラフィックス、別の見出し、何もかも別のものにしてしまうんだ。これは最悪のパターンだ。一から出直すようなものなんだよ。だから、**あきらめないで粘らなければダメなんだ。**

今度は一八回メッセージを送り、人の心に六回浸透させたとする。この時点では、人々はあなたのことを真剣に再検討する。「いつあの会社から買ったらいいだろうか?」といった具合にね。

今度は二一回メッセージを送り、人の心に七回浸透させたとする。この時点では、人々は実際にこう考えるようになる。「買うためのお金をどこで手に入れたらいいだろうか?」またこうも真剣に考える。「いつお金を手に入れたらいいだろうか?」

人々は購入へとかなり近づいている。

今度は二四回メッセージを送り、人の心に八回浸透させたとする。この時点では、人々は購入する前に意見を聞かなければならない相手すべてに、意見を聞こうとする。上司、パートナー、あるいは妻や夫といった人々のね。誰に意見を聞こうと、これは人々が通過すべき局面なんだ。

今度は二七回メッセージを送り、人の心に九回浸透させたとする。この時点では人々は実際にあなたの商品を買い、あなたの言うことに耳を傾ける。

取引額を大きくするための信頼を、すでにこの期間に築いたんだよ。

ようするに**成功したゲリラの第一の人格特性とは、あきらかに〝忍耐力〟だ。**

**このすべてのプロセスが起こるまでこれほど長く粘り続けられるのは、忍耐強い人のほかに誰がいるだろう？　なぜなら、マーケティングは〝結果〟ではなく〝プロセス〟だからだ。**

――もう一度言っていただけますか、ジェイ。

**マーケティングは〝結果〟ではなく〝プロセス〟である。**

このすべてのプロセスが起こるあいだ粘り続けるには、強い忍耐力が必要なんだよ。

たいていの人はマーケティングとは何かをすることだと考えている。メッセージをインターネットで発信し、手紙やはがきを送り、イエローページに広告を出し、そして商品を売ればいい、とね。冗談じゃない。そんなやり方ではうまくいくわけがない。粘り続ける忍耐力が必要なんだ。繰り返しについてはさっき話したね。

**そして第二の人格特性は、想像力だ。**

想像力を使って、見出しやコピーを考え出すという意味じゃない。それよりも想像力を使って、郵便を出す際にはダイレクトメール攻勢は迷惑がられることに気づくべきだね。人々はそのほとんどを投げ捨ててしまう。

だから郵便を出すなら、ゴミにされたくないなら、第一種郵便料金に投資することだよ。これには一通につき三四セントかかる。

だが、三四セント切手を買ってはいけない。というのは、そんなことなら誰にでもできるからだ。

かわりに一一枚切手を買うといい。そしてそれぞれの手紙に六セント切手一枚、四セント切手二枚、三セント切手四枚、二セント切手四枚を貼って、合わせて三四セントにするんだよ。そうすればこの手紙を受け取った人は、生まれて初めて一一枚の切手が貼られた手紙を目にするわけだ。これならまちがいなく手紙を開封すると思うよ。

――一〇〇万ドルにも値するテクニックですね。

その通りだよ。この方法でゴミにならずに済むんだ。ついでに返信率も上がる。

ダイレクトメールについて聞いたり調べたりすると、まともな返信率はわずか二パーセントだということがわかる。

だが今のようなやり方をすれば、返信率は一〇～二〇パーセント、あるいはもっと高くなるだろうね。

必要なのは、さっきも言ったように、想像力だけだ。

**忍耐力、想像力に続く第三の人格特性は、〝感性〟。**

---

## 「マーケティングは〝結果〟ではなく〝プロセス〟である」

成功したゲリラは市場や、この歴史上特異な時代や、自分たちがマーケティングしている場所に敏感だ。たとえば都会は田舎とは違うだろう？　ゲリラは競争や、競争が意味する事柄といったものに敏感なんだよ。

とくにゲリラは、見込み客が今考えていることに敏感だ。見込み客は今どんなことを考えているか。それこそがゲリラの実に気になることなんだよ。

**第四の人格特性は〝強いエゴ〟だ。**

なぜか。つまりこういうことなんだ。あなたはマーケティング・キャンペーンを立ち上げ、正しいメッセージを、正しい場所で、正しい人々に伝えたとしよう。あなたのマーケティングに最初にうんざりするのは誰だろう？

それはあなたの同僚、従業員、家族だよ。

彼らはこう言うだろう。「ねえ、あなたのやっているマーケティングにはちょっとうんざりなの。変えたほうがいいんじゃない？」

だから、こうした人々に勇敢に立ち向かうためにエゴが必要なんだよ。温かく抱きしめて、彼らがマーケティングについてちっとも知らないことをわからせるためにね。

あなたのことをもっとも愛してくれている人々こそが、マーケティングに関して最低のアドバイスをくれるものなんだ。こうした人々に恐れず立ち向かい、あなたのメッセージを四回しか聞いていない人たちはまだうんざりしていないことをわからせるために、エゴが必要なんだよ。

あなたから商品をすでに購入した人たちは、決してうんざりすることなどない。彼らはこれから先もあなたのマーケティングに注意を払い、あなたとビジネスをするという事実を正当化しようとするからだ。


**忍耐力、想像力、感性、強いエゴに続く第五の人格特性は、〝攻撃性〟だよ。**


あなたは攻撃的でなければならない。

ゲリラ・マーケティングには一〇〇種類のウェポンがある。ちなみに、そのうちの六二種類にはまったくお金がかからない。これらはすべて、ウェブサイトgmarketingcoach.com（日本語サイトgmarketing.jp）で公開しているよ。

今ここで一〇〇種類すべてを説明することはできないので、ぜひのぞいてみてほしい。

ゲリラが攻撃的なのは、使えるウェポンが一〇〇種類もあるうえ、そのうち六二種類にはまったくお金がかからないことを知っているからだよ。いくつものウェポンを組み合わせることで攻撃的になれるんだ。

彼らはまた、いくらマーケティング・プロセスに投資しているかでも攻撃的になれる。二〇〇〇年には、平均的なアメリカのビジネスは総売上高の四パーセントしかマーケティングに投資していない。たったの四パーセントだよ。じゃあ、ゲリラも四パーセントで十分だと思っているのだろうか？　たったそれだけだろうか？

実際、平均的なビジネスはあまり利益を上げていない。では、八パーセント投資していたらどうなっていただろう？　ようするに、**攻撃性はゲリラのトレードマークの一つなんだよ。**

**第六の人格特性は、ゲリラは〝変化〟を受け入れるということだ。**

彼らは変化を恐れない。変化を無視することもない。変化が立ち去ってくれるように祈ったりもしない。変化に心を開き、それを受け入れるんだ。

彼らが変化を受け入れるのは、変えるためではなく、改善するためだよ。

今日世界で起こっている多くのことは、かつてのビジネスのやり方に対する改善なんだ。

**第七の人格特性は、ほかの人々とは違い、ゲリラはとても気前がいいことだ。**

顧客から何を引き出せるか考えるのではなく、「わたしは顧客に何を〝与える〟ことができるだろうか?」と考えるんだ。

ゲリラは真のマーケティングとは何かを知っている。**真のマーケティングとは、顧客が望むものが何であれ、その実現に手を貸すための機会なんだよ。**

それはもっと稼ぐことかもしれないし、結婚相手を見つけることかもしれないし、体重を減らすことかもしれない。

顧客の望みが何であれ、ゲリラは顧客がそれを実現する手助けとなる情報を与えるんだ。

ゲリラはこう考える。「わたしは何を無償で提供することができるだろうか?」

彼らは自分のウェブサイトで何かを無償で提供する。無料相談や無料のデモンストレーション、無料のギフトという形で提供するんだ。

ゲリラは、つねに何を与えられるかを考える。考えれば考えるほど、収益は上がっていく。というのは、人々は気前のいい人と強欲で口やかましい人の違いを知っているからだ。

とにかく、ゲリラはとても気前がいいんだよ。

くわえて、マイク、君もそうだが、**彼らはとてもエネルギッシュなんだ。それが第八の人格特性だよ。**

**ゲリラはエネルギーを放出しない限り、敵に打ち勝つことも、闘いに勝つことも、攻撃的に売ることもできないのを知っているんだ。**

だが、そのことを知っているだけではまだ十分ではない。それを実行し、それに興奮するだけのエネルギーがなきゃダメなんだよ。競合相手が考えもしなかった方法でマーケティングをおこなうことにワクワクできなければダメなんだ。

そんなエネルギーがない限り、いくら情報をかき集めようと何の意味もない。

**第九の人格特性は、カモメにおおいに関係あることだ。**

カモメを想像してみてほしい。カモメは空を輪になって飛ぶ。たえず増加しながらも、つねに一定な輪。カモメはただそうやって飛びながら、食べ物を見つければ、やがて地上に舞い降り、お腹がいっぱいになるとすぐに飛び立って、再び輪になって飛ぶ。

カモメはそうするよりほかにないんだ。輪になって飛びながら食べ物を見つけることが、カモメのもっとも強い本能だからね。

ゲリラにもこれと同じくらい強い本能が一つある。それはゲリラの心の中にあるもっとも強い本能だ。すなわち、つねに学び続けたい、という欲求のことだよ。

――もう一度言っていただけますか?

**ゲリラ・マーケター、ゲリラ・ビジネスパースン、あるいはゲリラ起業家の心にあるもっとも強い本能とは、つねに学び続けたいという欲求なんだ。**

つまり、自己教育はマーケティング・プロセスをやがて成功へと導く真の鍵だということですね？

**自己教育は〝鍵〟だよ、**マイク。なぜなら人生とは、そこにトピックがあるからという理由で学ぶものじゃないからだ。

そうではなく、**人生とは一つのことを連鎖的に学ぶことであり、それを実行するための唯一の方法が自分自身で学ぶことなんだよ。それを実行できるのは自分だけなんだ。**

学校は助けになるだろう。だが、つねに学び続けることができるのは〝自分〟だけなんだ。それはたった四年続くだけじゃなく、一生涯続くものだからだよ。

だから、つねに学び続けることに情熱と執念を持たなければダメなんだ。喜ぶといいよ。今はインターネットを利用できるから、一生学び続けることができるよ。

先に進む前に、ちょっとよろしいですか、ジェイ？

あなたのお話は、実に驚くべきものです。

ここでちょっと、第一の人格特性を振り返ってみたいと思います。

忍耐力についてお聞きしました。自分のマーケティング・メッセージを送り続ける能力のことです。

つまりメッセージを一五回、一八回と送り続けていれば、いずれ効果が出てくるということでしたね。

では、もしそのメッセージが適切でなかった場合、それをどうやって知ればいいんですか？　試す方法はあるんでしょうか？

そのメッセージが繰り返すに値しなくなり、新しいメッセージが必要になったことがいつわかるんですか？

たとえば、「おい、これではうまくいかないんじゃないか？」とはっと気づくような瞬間があるんでしょうか？


---

あるよ。商品の種類によって大きく異なるけどね。

実際の例を挙げれば、もっともむずかしいことの一つは、人にタバコのブランドを変えさせることだ。というのは、タバコを吸う人たちは自分が吸っているブランドに強いこだわりを持っているからなんだ。

その一方で、人々がもっともブランドにこだわりを持たない商品が、シャンプーだよ。ほとんどの女性は一年のあいだに四種類のシャンプーを買う。シャンプーに関していえば、ブランドへの忠誠心はきわめて簡単に方向転換するものなんだ。
こんなふうに、商品によって違いがあるんだよ。

わたしはクライアントにこう忠告している。「**すべて正しくおこなっていたとしても、三ヵ月経った時点でさえ、まだ自分のマーケティングが成功しているか、はっきりとした兆候は見えない**」とね。

だが粘り続ければ、六ヵ月後には自分のマーケティングが成功していることを示す最初のおぼろげな光が見えてくるだろう。売上が増えるだけでなく、人々がそのマーケティングのことを口にするようになるからだ。

「真のマーケティングとは、顧客が望むものが何であれ、その実現に手を貸すための機会なんだよ」

九ヵ月後には、ビジネスオーナーは売上が毎月増えていることに気づくようになる。一年後には、自分のマーケティングが成功していることをはっきりと認識する。というのは、毎月、前月より売上が上がっているからだ。

――なるほど、それが〝P&P〟つまり自分のメッセージに対する忍耐力（patience）と固執（persistence）ということなんですね？

その通りだよ。**メッセージがどれほどよいものであろうと、忍耐力がなければ成功しないんだ。**マーケティングの墓地には、打ち捨てられたすばらしいキャンペーンがたくさん散らばっている。すぐに結果を出せなかったばかりにね。**だが偉大なマーケティングキャンペーンは、すぐには成功しないものなんだよ。**

――では、ゲリラ・マーケティングの心構えとは、つまりゲリラ・マーケティングで勝利し成功するためには、外面の行動を起こす前に、まず内面の決意が大切なんですね？

そう。**内面的な決意こそが成功を現実のものにするんだ。**

これから話すストーリーを聞けば、内面的な決意がいかに、歴史上もっとも成功したブランドに繁栄をもたらしたかがわかると思うよ。

その前に、ゲリラの残り三つの人格特性について説明しよう。

**第一〇の人格特性は、ゲリラは人が好きなことだ。**

みな友好的で、顧客とのコミュニケーションを楽しんでいる。彼らは自分の商品を売るのを助けてくれるのも、買ってくれるのも顧客だと知っている。

**第一一の人格特性は、ゲリラは自分の焦点を維持できることだ。**

彼らは簡単に気を逸らされたりはしない。

**では最後、第一二の人格特性だ。**これは、一つめと同じくらい重要だと考えているものだが、**ゲリラは〝行動を起こす〟ということだよ。**

彼らは物事を実行する。ただ話したり、考えたりはしない。自分が学んだことを実際に行動に移すんだ。

ほとんどの人は情報を吸収するのが大得意だ。ラジオを聴き、インターネットをし、本を読み、テープを聴き、たくさんの情報を吸収する。だが学んだことを行動に移すのは、そのうちのほんの一握りの人にすぎない。

もしあなたが一七年前に行動を起こさなかったら、わたしたちが『ゲリラ・マーケティング』シリーズを手にすることはありませんでしたね。

本当にそうだね。だからわたしは行動を起こしたんだよ。そして、人々が行動を起こす手助けをするために、ウェブサイトを立ち上げたんだ。

わたしは週に一度人々とじかに電話で話をしている。というのは、心の中では行動を起こしたいと思っているのに、なかなか決心のつかない人がいるからなんだ。

ともかく、行動を起こすことが第一二の人格特性なんだよ。

---

ジェイ、ほとんどの人たちがまだ行動を起こせずにいるとおっしゃいましたね。わたしが気づいたことはこうです。ジェイ・コンラッド・レビンソン、マーク・ジョイナー、ロバート・アレン……わたしたちがこうした人々の著書や製品を買う理由がここにあります。彼らはみな行動を起こしているからです。

そんなふうに思えるんですよ、ジェイ。同意していただけますか？　いったん何かをやり始め、停滞期を乗り越え、メッセージを浸透させることができれば、すばらしいことが起こるんですよね。けれど何もしなければ、そんなことは起こらない。

あなたはどうやってソファーから立ち上がり、行動を起こし始めたんですか？

――何か秘訣があればリスナーのみなさんに教えていただけますか？


いいよ。

わたしのやり方はこうだ。これは実に効果的だよ。

わたしはごくふつうの手帳をつけているんだ。手で書き込むタイプのものだよ。わたしはその手帳に予定を書いている。

わたしが働くのは週に三日。一九七一年からずっと週に三日、自宅で働いているんだよ。

これは誰にでもできると思う。本を書き始めたのはおもに、人々にも同じことができると伝えるためだったんだから。

わたしがするのは、**その日にするべき仕事を書いて、それを実行することだ**。だから、月曜と火曜と水曜にするべき仕事を書き入れる。この三日がわたしの働く日だからね。

今日は一日中ハイキングに出かけていたんだ。今は戻ってきて、こうして君とざっくばらんに話している。君と話すのは仕事だとは思っていないんだよ、マイク。

そんなわけで、この三つの曜日にそれぞれするべきことを書き入れる。そしてするべきことが多すぎる場合は、それを別の日に移すんだ。月曜も、火曜も、水曜もいっぱいになったら、ページをめくって次の月曜に書き込む。用事を書き込むとき、これらが自分に課した約束だと十分自覚している。自分に課した約束だと理解しない限り、手帳に書き込んだりはしない。ゲリラは約束を守るものなんだ。とくに自分自身に課した約束はね。ゲリラは誰に対しても約束を守るんだよ。だが、**行動を起こすためには、書面に書き表すことが必要なんだ。**

――もう一度言っていただけますか？

わたしが言おうとしていることの中でより重要なものの一つは、**何かを実際に行動に移すためには、まずそれを書面に書き表すことだ。**いったん書面にすれば、書かれた言葉のパワーは実行すべき事柄に意識を集中させ、実行へと導いてくれるんだよ。

特定の日に実行すべきことを書き込めば、その日にやり遂げることができるんだ。それは自分自身に課した約束なんだよ。自分に課した約束を守れなければ、別の業種に移るか、九時から五時までの通常の職を探したほうがいいだろうね。

だがわたしが言っているのはそういった次元を超えたもので、つまりは、あらゆる意味でよりよい人生を生きることについてなんだ。手っ取り早く金持ちになる方法について話しているわけじゃない。どうやって自分の人生のバランスをとるか、その方法について話しているんだ。

もっとも重要な一つの言葉を教えてあげよう。これは本当にもっとも重要な言葉なんだ。君はもうこの言葉について知っているよ、マイク。これは君を成功へと導いたものでもあるんだ。

ゲリラ・マーケティング、あるいはすべてのマーケティングに共通するただ一つの秘訣を挙げなければならないとしたら、それはある一つの言葉だ。それはマーケティングとゲリラ・マーケティングのもっとも重要な秘訣なんだ。

その答えはわたしの人生の、わたし自身のキャリアでかつて起こった、あるできごとに端を発する。

当時、わたしはシカゴにある大手広告代理店で働いていた。あるとき、わたしたちはニューヨークのタバコ会社から電話をもらった。というのも、この会社は売上が全国第三一位だったからだ。女性向けのブランドで知られていて、当時はたしかに男性よりも女性のほうが喫煙率が高かったが、男性も現在よりタバコを吸う人が多かった。

この会社はわたしたちに、ブランドイメージをより男性的なものに変え、全国第三一位というランクをなんとか上げることはできないかと相談してきた。

そこでわたしたちは「やってみましょう」と引き受けた。

わたしたちは二人のカメラマンとアートディレクターを、友人が経営するウエストテキサスの牧場へ行かせた。そして二週間そこに滞在して、実際の牧場でのカウボーイの姿を写真に収めるよう指示した。その際、こう念を押した。「ポーズをとった写真はダメだ。こちらの目的をカウボーイに知られてはいけない。写真の中に牛を入れてもいけない。馬とカウボーイだけを撮れ。女性もいけない。男性だけだ。とにかく二週間写真を撮りまくれ」とね。

彼らがそうしているあいだ、わたしたちはある架空の場所をつくり出し、それを〝マルボロ・カントリー〟と名づけた。

それからキャッチコピーを考えた。キャッチコピーは「その香りのあるところへ。マルボロ・カントリーへ」にした。

やがてカメラマンたちが戻ってきた。わたしたちは写真を現像し、引き伸ばした。それからこのコピーを写真に貼り付けた。それこそ、いかにもカウボーイらしいことをしているカウボーイといった写真だった。そこに「その香りのあるところへ。マルボロ・カントリーへ」のコピーとタバコのパッケージの写真を加えたんだ。

あのときこう思ったね。「これは実にクールだ。これこそわたしたちが求めていたものだ」

そしてわたしたちはシカゴのオヘア国際空港に向かった。そこからニューヨークのケネディ国際空港に飛び、タクシードライバーにパークアベニュー二番地に行くように告げた。そこにマルボロの親会社、フィリップモリス社があったからだ。わたしたちはそこへ行き、マルボロ・キャンペーンをマルボロ・ブランド・グループに見せた。

それを見て、彼らは度肝を抜かれていたよ。とても気に入ってくれて、初年度に一八〇〇万ドル投資してくれることになった。


「偉大なマーケティングキャンペーンは、すぐには成功しないものなんだよ」

今の基準でもすごい金額なんだから、当時どれだけすごいことだったかわかるだろ?

あの頃はまだ、ラジオやテレビで発がん性物質を宣伝することは違法ではなかった。そこでわたしたちは、映画『荒野の七人』のテーマ曲をテレビコマーシャル用の音楽として使うことにした。

〝マルボロマン〟は文化的偶像となったんだ。その年の終わりまでには、彼はいたるところにいた。ラジオにも、テレビにも、雑誌にも、新聞にも、ビルボードにもね。

当然のことながら、ニューヨークに戻るとわたしたちは賞賛され、祝福の言葉を浴びせられた。だが結局一八〇〇万ドルをかけた一年のキャンペーンが終わったあとも、売上全国第三一位のタバコ会社は、依然として第三一位のタバコ会社のままだったんだ。

もっと悪いことに、アメリカ一〇都市でおこなわれたフォーカスグループ・インタビュー[訳注:座談会形式のグループインタビュー]でも、このブランドは依然として女性向けのブランドとして受け止められていることがわかったんだよ。

本物の牧場でいかにもカウボーイらしいことをしているマッチョなカウボーイで宣伝しても、やはりそのブランドは女性向けと認識されたままだったんだ。

しかし現在、マルボロはアメリカでいちばん売れているタバコだ。

男性のあいだでも、女性のあいだでも第一位だ。世界でも売上ナンバーワンなんだよ。

実際、世界で売れているタバコの五つに一つはマルボロなんだ。

このことからわかるショッキングな事実は、**このタバコのマーケティングに関してはまったく何も変わっていない**ということだ。まったくね。

依然としてマルボロで、マルボロ・カントリーで、カウボーイで、「その香りのあるところへ」なんだよ。

わたしたちが最初にやったことそのままなんだ。今はもうラジオやテレビで宣伝されることはない。だがわたしたちが使ったのとまったく同じデザイン、同じグラフィックス、同じモデルがいたるところにあふれているんだ。

この事実は、「マーケティングを成功させるものは何か?」の答えになる一語を思い出させくれる。その答えとはつまり、**コミットメント（約束や責任）**だよ。


――もう一度言っていただけますか?


**「マーケティングを成功させるものは何か?」の答えになる一語、それは〝コミットメント〟だ。**

結婚を成功させるものは何か? コミットメントだ。

ビジネスを成功させるものは何か？　コミットメントだ。

庭の草木を育てるものは何か？　コミットメントだ。

**マーケティングプランに対するコミットメントが、マーケティングを成功させるんだよ。**

このことを公の場で認めたくはないが、あえて言おう。**コミットされた平凡なマーケティングのほうが、コミットされないすばらしいマーケティングよりもはるかに成功する。**

**したがってマーケティングの本質とはまさに、プランを立てることなんだよ。**それもとてもシンプルなプランをね。長さは七行まで。それ以上はいけない。あとはそのプランにコミットすればいいんだ。

お勧めするのは、まず小さなマーケットで試してみることだ。新聞や郵便を利用してね。そうすれば、間違った種類のものにコミットすることはない。

試して、実験して、感じをつかもう。あとはそのプランにコミットし、奇跡を期待しない。というのも、マーケティングは奇跡とは何の関係もないからだ。それは忍耐力に関係あることなんだ。プランに献身すれば、やがてすばらしいことが起こるだろう。

ゲリラ・マーケティングの二つめの秘訣は、小切手や注文書やとにかくコストがかかるものなら何でも、そこに名前をサインするときには、一見したところ支出であっても、実際にはそうではないことをしっかり認識することだ。

**マーケティング費用である限り、それは投資なんだよ。**今日アメリカで手に入る最高の投資なんだ。正しく実行しさえすればね。

あなたは今その正しいやり方を学びつつあるところだ。というのも、ゲリラ・マーケティングの秘訣はすべて〝ent〟という語で終わるからだ。

**一つめは〝コミットメント（commitment）〟。二つめは〝投資（investment）〟。三つめは、おこなっていることを変えないこと。始めたことを最後までやり通し、〝首尾一貫（consistent）〟することだ。**見出しやグラフィックスを変えるのはかまわない。だが、使っているメディアやテーマを変えてはいけない。ビジュアルフォーマットや全体的なアイデンティティも変えてはいけない。首尾一貫することが重要なんだよ。

ゲリラ・マーケティングにおける**〝ent〟で終わる四つめの言葉は、**一九九〇年と二〇〇〇年におこなわれた別のすばらしい調査に基づいている。どちらの年におこなわれたものも結果は同じだった。

調査で問われた質問とはこのようなものだ。「なぜ人々はその店から買うのか？」すべての理由の中で、〝価格〟が第五位だった。価格は、購入するかどうか決める際のもっとも重要な理由の第五位だったわけだ。

第四位にくるのが〝品揃え〟。〝サービス〟は第三位で、〝品質〟が第二位にくる。

この調査の堂々第一位は〝**信頼（confident）**〟だったんだよ。

興味深いことに、自分のプランへのコミットいかんで、人々に信頼を抱かせることができるんだ。**投資したマーケティングプランに固執し、最後までやり抜き通せば、見込み客や顧客を信頼させることができるんだよ。首尾一貫することで、信頼を勝ち取ることができるんだ。**

**五つめの〝ent〟で終わる言葉は、**ビジネスオーナーの性格を表すものだ。つまり、何よりも〝**忍耐力（patient）**〟が必要だということだ。**忍耐力だけが投資したプランに献身かつ固執させ、人々に信頼を抱いてもらえるようになるまで首尾一貫した態度を保つ力を与えてくれるんだよ。**

**六つめの〝ent〟で終わる言葉は、**広告、ダイレクトメール、インターネットといったあらゆる手段のうちのどれを利用するかという選択に関係している。どれがもっとも機能するだろうか？

もっとも機能するのは、ウェポンを〝**一揃い（assortment）**〟集めることだよ。

---

では、その話題に移る前に、ジェイ、あなたが概略を述べたことについてまとめさせてください。つまり見込み客と顧客に、あなたが言うように、自分とビジネス

—をすることを心地よく感じさせるということですね。それで正しいですか？

ああ、そうだよ。

**人々に自分のビジネスを信頼させ、安心して自分とビジネスをしてもらうようにするんだ。**

あなたのお話は上級マーケティングの基礎講座そのものです。わたしは圧倒されています。これは予想していた内容より一万八〇〇〇倍すばらしいです！ところでジェイ、インターネットは巨大なビジネスです。それは周知の事実です。インターネットは、ゲリラ・マーケティングにとって途方もないメディアです。そこで、インターネット・マーケティングについての秘訣を、残りの時間でいくつか教えてください。

---

まず、**オンラインでうまく売り込むためのマーケティングを知らなければならない。**マーケティングについて何も知らない人々は、インターネットを使えばうまく売り込むことができると思っている。だが、それがやがて大きなフラストレーションになるんだよ。

**最初にマーケティングを理解するべきなんだ。そうすれば、オンラインでうまく売り込むことができる。**

もう一つ知るべき重要なことは、**必ずしもウェブサイトを持つ必要はない**ということだ。Eメールを使っても売り込むことはできる。あるいは、フォーラムやニュースグループに参加してもいいだろう。そこでは人々があなたの業種に関連した話題について討論をかわしているんだ。こうしたフォーラムに情報を提供したり、参加者の名前を入手してEメールを送ったりしてもいい。彼らはあなたからのEメールを心待ちにするようになるだろう。なにしろ、自分たちと同じ仲間だと思っているんだからね。

チャットグループに加わってもいいだろう。あなたが関心のあるトピックについて話し合っている人々が大勢いるよ。

ともかく、**価値ある情報を提供することだ。**人々の名前を手に入れてEメールを送ろう。あなたにはもう彼らの考えていることがわかっているわけだから。

多くのウェブサイトオーナーのためにコンフェレンスを主宰することもできる。彼らは人とのふれあいを死ぬほど求めているからね。コンフェレンスを主宰すれば、彼らは喜んで仲間に入れてくれるだろう。どのウェブサイトも良質のコンテンツを求めているから、そうしたサイトに書き込みをしたり、記事を書いたりするといい。

もちろん無償でだが、記事の最後に自分のビジネスに関して一筆書き添えるといいだろう。電話番号や連絡先も忘れずに入れる。

こうしたことをするのにコストはまったくかからない。そのうえ、ウェブサイトのオーナーたちはあなたに好意を持つようになるだろう。彼らに良質のコンテンツを無償で提供したんだからね。こんなふうにして攻撃的にマーケティングすればいいんだ。この方法を利用できるサイトは山ほどあるよ。

完全無料の案内広告サイトもたくさんある。そこに案内広告とともにグラフィックスを掲載することもできる。それにも一切コストはかからない。

**検索エンジンは驚くべき場所だよ。賢明に利用すれば、あまりコストがかからないもう一つの手段だ。これはオンラインで攻撃的に売る方法の一つなんだよ。**

---

「マーケティングの本質とは
まさに、プランを立てることなんだよ」

じゃあ、今わたしが言ったすべてのものに注目してみよう。**Eメール、フォーラム、チャット、コンフェレンスの主宰、広告案内の利用、検索エンジン。**このどれもがウェブサイトを持っていなくてもできることなんだ。

あなたが今説明してくれたことはどれも、わたしにとって驚きです。『ゲリラ・マーケティング』シリーズの成功、あなたの生徒たちの成功、あなたのウェブサイトの成功、そのどれもが出かけていって行動を起こすことに尽きるんですね。

フォーラム、チャットルーム、Eメールリスト作り、ウェブサイトなどなど、どれも行動を起こすことであり、心構えと人格特性に従うことであり、自分のプランに最後までこだわり続けることなんですね。

---

その通り。君にはゲリラ魂があるね、マイク。君の魂はゲリラそのものだ。生まれつきのゲリラなんだね。

ちなみに君が言い当てたものは、わたしたちが今夜話したことのハイライトであり、すべての人の心に強調されるべきものなんだよ。

――ところで、Eメールリストのパワーについて話していただけますか？
それは今、絶対に注目すべきものでしょうか？

絶対にしてはいけないことは、スパムメールを送りつけることだ。サイバースペースは新しい宇宙なんだ。スパムメールを送りつけたりしたら、そこを汚すことになるんだよ。

だから、**ゲリラ・マーケティングはスパムメールを決して信じない**。

だが、ニュースグループやフォーラム、チャットルームを利用して人々の名前を手に入れることは、しっかり理解している。人々の名前と彼らが関心を持つ話題を手に入れれば、相手が喜ぶようなEメールを送ることができるんだよ。

そうなれば、それはジャンクメールではないし、スパムメールでもない。

わたしはターゲットをしぼったEメールを信じている。猛烈にね。それはダイレクトメールのようなものなんだ、切手が貼ってないだけで。そして件名がもっとも重要なんだよ。

――もう一度言っていただけますか？

**Eメールの件名は、まさにもっとも重要なものなんだよ。**というのは、人々は毎日三〇〇〇ものマーケティング・メッセージに取り囲まれながらも、即座に購買決定を下すからだ。人々はEメールのメッセージを読もうと読むまいと、コマーシャルを聞こうと聞くまいと、**三秒で購買決定を下す。**したがって、件名が見込み客に強烈な印象を与えることができるかどうかが重要なんだよ。

だが、そのコツは心得ているはずだ。相手がどんな人物かもう知っているわけだから。とにかく、サイバースペースにジャンクメールを送りつけてはいけない。**ターゲットをしぼったEメールを、関心の対象を把握している相手に送ることだ。**

そうすれば、Eメールを送ることは、つまりターゲットをしぼったEメールを送ることは、実に安価で効果的な方法だとわかるはずだ。

この方法は現在、かつてないほどの勢いで急速に広まっている。それは、これが正しいやり方でおこなえるマーケティングだと理解されてきたからだろう。

メールを出す相手の名前を入手する場所は慎重に選んでいるよ。だから、人々はわたしからメールを欲しがり、それを心待ちにし、わたしの商品を買いたがってくれるんだ。

――では、つねに価値が優先されるんですね？

そうだよ、**人々が買っているのは価値なんだよ。**そして会社への信頼も。だが、価格を優先させてはいけない。それは、ほとんどの人々が優先すべきものだと考えているからだ。君は正しいよ。**人々は価値に関心があるわけで、必ずしも価格に関心があるわけではないんだ。**

——では、ビジネスオーナーが犯す最大の過ちの一つは価格を優先することであり、それは彼らが陥りやすい弱点でもあるということですね。

そうだよ。価格を優先すればどうなるかわかるかい？　もっとも不実な類の客を引き寄せてしまうんだよ。

——もう一度言っていただけますか？

**価格を優先して商品価格を下げ、宣伝広告にディスカウント価格を載せれば、最低の類の客を引き寄せる。**

そうした客は不実だから、もっと安い価格を誰かが宣伝すれば、簡単にそっちになびいてしまうんだよ。これは勝ち目のないゲームなんだ。**割引価格のゲームでは絶対に勝つことはできない。**

---

ジェイ、ここまでブレークスルーについてとことん話していただきました。二万五〇〇〇ドルにも相当するマーケティングプランについて教えていただきました。あまりのすばらしさに、言葉を失いましたよ。

しかしながら、ジェイ、この番組もそろそろ終了です。ジェイ・コンラッド・レビンソン、〝マイク・リットマン・ショー〟にお越しいただき本当にありがとうございました。

マイク、とても楽しかったよ。どうもありがとう。

**●ジェイ・コンラッド・レビンソン**

歴史に残るマーケティングのベストセラー、『ゲリラ・マーケティング（Guerrilla Marketing）』をはじめ、三〇冊にのぼるビジネス書の著者。これらの著作は世界各国で販売され、販売部数は一四〇〇万部にも及んでいる。

主な著書に『ゲリラ・マーケティングEX（エクセレンス）――起業家のためのゴールデンルール50』（伊藤とし子訳、東急エージェンシー出版部）、『必ず売れる！ ゲリラマーケティング in 30 days』（ゲリラ・マーケティングジャパン監訳、フォレスト出版）『ゲリラ流最強の仕事術～「収入」と「時間」が増える技術と習慣～』（大西純子訳、フォレスト出版）などがある。

【著者】
**マイク・リットマン**
世界No.1の自己啓発ラジオ番組“マイク・リットマン・ショー”の司会者、講演家、起業家。テレビにも登場し、驚くほどエネルギッシュかつ情熱的に、ゲストたちと、とてつもない人生を生きること、プラスアルファの努力をすること、収入を上げるために自分のエネルギーを高めることといった話題について語っている。

**ジェイソン・オーマン**
起業家、講演家、ビジネスオーナー。最高かつもっとも充実した人生を創造できるよう、人々を教育し啓発したいという情熱に生涯を捧げている。十代の頃からすでに、マネーメイキングの機会をリサーチし始め、17歳のときに初めて人生を変えるようなセミナーを受講。23歳で最初のビジネスを立ち上げたあと、27歳までに100万ドル以上のお金を稼ぐ。この間、一番人気のテレビインフォマーシャル「富を生み出す（Creating Wealth)」にゲスト出演するだけでなく、ラジオにも登場。その一方で本を執筆し、講演家としても活躍している。

【監訳者】
**河本隆行**
1969年生まれ。25歳のとき、ほとんど英語を喋れない状態で渡米を決断。その後、6ヵ月で劇的に英語をマスターする。「人生いつからでもやり直せる。人間いつからでも変われる」が持論。セミナー、通訳、コーディネーター、執筆と幅広く活動中。著書に『ミリオネアの教え、僕の気づき』、訳書に『人生を変えた贈り物』（アンソニー・ロビンズ著)、『「答え」はあなたの中に在る』（ジョン・フォッピ著）（すべて成甲書房）がある。
ホームページ　http://www.ktirc.com

# 史上最高のセミナー

2006年10月15日　初版1刷発行
2006年11月20日　初版3刷発行

著　者　マイク・リットマン／ジェイソン・オーマン
監訳者　河本隆行
発行者　高松里江
発行所　きこ書房
〒163-0264　東京都新宿区西新宿2-6-1　新宿住友ビル36階
電話 03-3343-5364
ホームページ　http://www.kikoshobo.com

装　丁　岩瀬聡
本文レイアウト・DTP　わ株式会社
翻訳協力　伊藤綺（株式会社バベル）
編　集　元木優子
印刷・製本　株式会社 東京研文社


ISBN4-87771-191-0　C0030